EN ALGÉRIE

PAR

Mᵐᵉ A. GAËL

PARIS

LIBRAIRIE CENTRALE DES PUBLICATIONS POPULAIRES

E. H. MARTIN, DIRECTEUR

45, RUE DES SAINTS-PÈRES, 45

1881

EN ALGÉRIE

PAR

Mme A. GAËL

EN ALGÉRIE

PAR

Mme A. GAËL

PARIS

LIBRAIRIE CENTRALE DES PUBLICATIONS POPULAIRES

E.-H. MARTIN, DIRECTEUR

45, RUE DES SAINTS-PÈRES, 45

1881

ALGER

———

Terre, terre ! a crié la vigie du haut de
la hune. Terre, terre ! ont répété gaiement
les matelots.

A ce cri de délivrance, il s'est produit
dans les cabines un mouvement général.
Tous ceux que le mal de mer clouait sur
leur couchette depuis de longues heures se
sont trouvés guéris comme par enchantement. Les langues se délient. Tout le monde
s'agite et monte sur le pont.

A mesure que nous avançons, la mer
devient de plus en plus houleuse : c'est

l'effet du ressac et ce ressac (1), nous dit-on, n'est pas un des moindres inconvénients du port d'Alger, dont il rend l'entrée très difficile par le gros temps.

Nous avons peine à nous tenir debout et nous n'y parvenons qu'en nous cramponnant fortement au bastingage.

Le spectacle que j'ai sous les yeux doit être un des plus splendides du monde : le ciel, les flots, la baie qu'entourent des collines couvertes de verdure; à l'entrée de cette baie, regardant l'Orient, sur une de ces collines verdoyantes, Alger, Alger-la-Blanche élève en amphitéâtre triangulaire, ses maisons mauresques soigneusement blanchies à la chaux, couronnées de terrasses, et tellement pressées les unes contre les autres, en raison de l'étroitesse et du peu de régularité des rues, que la ville entière semble taillée dans un immense bloc d'albâtre.

Ses fortifications, œuvre des barbaresques, l'enserrent dans les festons aigus de leurs créneaux, depuis la base de la colline, jusqu'à la Casbah, cette antique forteresse

(1) Ressac, retour violent des vagues après qu'elles ont frappé contre un obstacle.

dont les blancs marabouts se noient dans l'azur du ciel, et d'où les anciens deys défièrent si longtemps les attaques des puissances civilisées.

A droite, sur une colline qui domine la Casbah, se dessine le fort l'Empereur dont l'explosion en 1830 décida la prise d'Alger.

La ville française s'étend le long de la mer au pied de la ville maure, cette ville étrange que les Arabes comparent à un diamant enchâssé dans le saphir et dans l'émeraude.

La barque du pilote nous accoste ; il monte à notre bord ; c'est un Maure, il a l'air d'un forban. A l'aide d'un long câble, il attache à l'arrière du paquebot la légère embarcation que nous remorquons.

Elle est montée par six indigènes au teint bronzé, aux vêtements bizarres : veste à la turque, ceinture rouge ou bleue, larges pantalons flottants qui laissent voir jusqu'aux genoux leurs jambes nerveuses. Sur la tête ils portent un mouchoir aux couleurs bariolées, roulé en corde, probablement avec la prétention de simuler le turban des fils de Mohammed. Tous ont des mines farouches.

Ils me remettent en mémoire le trop célèbre Mezzo-Morto qui, après avoir poignardé Baba-Hassan, lors du bombardement d'Alger par Duquesne, en 1682, s'empara de la Régence, fit attacher le consul de France à la bouche d'un des canons braqués sur notre flotte et se donna le barbare plaisir d'y mettre lui-même le feu.

Tous ces matelots' indigènes, sans en excepter le pilote, me semblent, à cette heure, des Mezzo-Morto ! C'est égal, ils font bien au point de vue de l'art, sur cette petite barque, qui, tantôt rase, comme un oiseau de mer, la crète écumante des flots, tantôt paraît s'engloutir entre deux vagues énormes.

Un habitant d'Alger, qui revient de France, met beaucoup d'obligéance à nous désigner les divers monuments qui, maintenant, se dessinent nettement devant nous.

A droite, voici le phare ; il est bâti sur un îlot et relié à la ville par une jetée que protège le fort. Un peu plus loin, ce sont les bâtiments de la Santé (le Lazaret).

En face, les marabouts de la mosquée *Djemma-Djedid*, le minaret de la grande mosquée de *Djemma-Kéber*, à gauche les constructions françaises de la rue Bab-Azoun, le fort, etc. Il est temps d'aller veiller à nos bagages, nous voici dans le port.

De nombreuses barques entourent le paquebot, elles vomissent sur le pont une foule de porte-faix de toute race et de toute couleur, qui, sans s'inquiéter des réclamations des voyageurs, se disputent avidement les malles, les sacs de nuit, les paquets, pour les jeter dans les canots. C'est une mêlée indescriptible, une vraie scène d'abordage.

A grand peine, chacun parvient à réunir ses colis et à descendre dans le canot qui va les mettre à terre. On débarque sans encombre et, au bout de quelques instants, tout étourdis, on arrive à l'hôtel.

Alger est la ville où tous les peuples du monde semblent s'être donné rendez-vous. Français, Espagnols, Mahonais, Maltais, Juifs, Tunisiens, Marocains, Maures, Arabes, Kabyles, Mzabites, Nègres, fixés à Alger; Anglais, Russes, Danois, Américains, etc., fuyant les frimas de leur patrie, fourmillent dans les rues de cette ville bizarre; ajoutez à cela une population militaire très variée : les soldats

d'infanterie, les zouaves, avec leur costume oriental et leur mine éveillée, les tirailleurs algériens, dits turcos, ces terribles
indigènes qui ne se soumettent qu'à grand
peine à la discipline, les chasseurs d'Afrique, les spahis enveloppés de leur long
burnous rouge et comme enchâssés dans
leur selle arabe, les brillants officiers d'é-
tat-major qui font fièrement piaffer leur
monture sur le pavé des rues, et vous
n'aurez encore qu'un faible aperçu de cet
ensemble dont aucune description ne peut
donner une juste idée.

« Les habitants des villes de l'Algérie se
divisent en deux branches principales, les
Hadars et les Berranis.

« Les Hadars, pris dans leur ensemble,
forment la population fixe et constituent
ce que nous appelons les Maures.

« Les Maures sont les *hommes de la
maison* par opposition aux Arabes qui
sont les *hommes de la tente.*

« A côté des Hadars sont les Berranis,
population flottante, orignaires des diffé-
rentes contrées de l'Algérie et même
des autres provinces de l'Afrique, qui
viennent dans les villes pour exercer leur
industrie, faire des économies et s'en re-

tourner au pays natal : ce sont, à dire vrai, les auvergnats de l'Algérie.

« On remarque, entre autres, dans ces populations flottantes, le Kabyle employé comme manœuvre et ouvrier agricole ; le Biskri, comme porte-faix et batelier ; le Mozabi, comme baigneur, boucher, épicier, marchand au détail. Quant au nègre, il blanchit les maisons et sert comme domestique (1). »

Les Arabes et les Maures ont la tête rasée, sauf au sommet une seule mèche de cheveux qui est religieusement conservée. Elle servira, au jour du jugement, à l'ange Azraël (ange de la mort) pour les transporter devant Allah.

Les Maures portent le turban blanc à plusieurs tours, la veste échancrée, la chemise blanche à larges manches, le pantalon bouffant, de couleurs variées, très souvent gris de lin, et la ceinture rouge, rose ou bleue. Le burnous blanc, jeté sur l'épaule à la façon dont les espagnols drapent le manteau, complète leur costume oriental.

Les jeunes Maures, encore imberbes,

_____

(1) Général Daumas.

sont coiffés de la chéchia, ornée d'une longue touffe de soie floche gros bleu, qui laisse à découvert la plus grande partie de leur tête rasée.

Les Arabes, jeunes ou vieux, sont invariablement vêtus du burnous traditionnel de laine plus ou moins blanche et plus ou moins grossière selon qu'ils sont riches ou pauvres. Sous ce burnous, ils enroulent autour de leur corps une large bande d'étoffe blanche dont un des bouts, rejeté sur la tête et retenu par une corde en poil de chameau roulée à plusieurs tours, vient retomber en gros plis autour de leur visage.

Les Turcs ont à peu près le costume maure.

Les Juifs ont encore le vêtement de couleurs foncées ; jadis ils ne pouvaient porter que du noir.

Les femmes juives ont sur la poitrine une espèce de bavette brodée d'or qui rappelle celle des femmes du bourg de Batz ; sur la tête une chéchia ornée de clinquant et de sequins et d'une longue queue de ruban. Leur jupe est très étroite, à taille très courte ; quelques-unes ont la grande coiffe pointue, sorte de hennin.

La mauresque apparaît dans les rues comme un fantôme, enveloppée dans son grand voile blanc qui ne laisse apercevoir que le bas de ses jambes revêtues d'un large pantalon, et ses pieds chaussés de babouches. Un mouchoir blanc, reposant sur le haut de son nez, lui cache toute la figure, sauf les yeux qui, généralement, sont beaux et hardis. Ces femmes ont souvent avec elles des enfants qui presque tous sont jolis à Alger.

Les négresses portent une espèce de voile, appelé haïck, en étoffe à carreaux bleus et blancs qui les enveloppe et qu'elles drapent avec assez de grâce par dessus le foulard dont elles sont coiffées.

Il est deux mots dont un étranger doit apprendre la signification en mettant le pied dans Alger : c'est *Warda !* (Gare ! en espagnol) et *Balec !* (Gare ! en arabe). Faute de savoir le sens de ces deux mots, on risque d'être écrasé par les omnibus, renversé par des porte-faix chargés de fardeaux énormes, ou culbuté par les ânes qui arrivent derrière vous en troupe de quinze à vingt, portant dans des paniers, appelés couffins, soit du bois de chauffage, soit du sable, du plâtre, ou des pierres pour les constructions de la haute ville, et que stimule l'impitoyable bâton d'un grand et maigre Arabe dont le burnous en guenille est couvert d'une crasse séculaire.

Les rues du vieil Alger sont tellement à pic que dans bien des parties on a dû pratiquer des escaliers fort brefs que nul cheval ne pourrait gravir et moins encore descendre. Les bourricauds (c'est ainsi qu'on nomme en Afrique tous les individus de la race asine) seuls, parmi les bêtes de somme, ont le pied assez sûr et le caractère assez pacifique pour effectuer sans danger ces périlleuses ascensions.

Les indigènes devraient une grande reconnaissance aux bourricauds qui travaillent tant et consomment si peu, car, sans eux, il leur faudrait transporter à dos tous les fardeaux. Hélas ! l'Arabe est le pire de tous les maîtres ! Il traite le plus humble, mais le plus sobre et le plus patient de tous ses serviteurs, comme les pirates traitaient jadis leurs captifs chrétiens. Aussi le bourricaud, pelé, galeux, l'oreille basse, trottinant aussi longtemps que ses forces le lui permettent, est-il un objet de pitié pour tous les étrangers qui arrivent à Alger.

Ce sont encore les ânes qui apportent au

marché les provisions de toute espèce.

Il n'est pas rare de voir un bourricaud porter, outre sa charge, son grand diable de maître qui n'a pas honte d'éreinter la pauvre bête.

Avant l'arrivée des Français, la ville était toute ramassée au pied de la forteresse qui la protégeait. Aujourd'hui elle s'étend de chaque côté dans la direction de la mer.

La rue Bab-el-Oued, la rue Bab-Azoun et celle de la Marine sont, en partie, de construction nouvelle; elles offrent une longue suite d'arcades qui affectent un air demi-mauresque très original.

Les rues qui montent à la Casbah méritent une mention toute particulière. Les vieilles maisons mauresques surplombent en certains endroits de façon à se réunir complètement à une douzaine de pieds au-dessus de la tête. Plusieurs de ces rues sont bordées de petites boutiques où Turcs, Juifs, Maures, Arabes, Espagnols se tiennent, les uns accroupis, les autres assis, offrant les poses, les costumes et les expressions de visage les plus variés.

L'Arabe , même en guenilles, a l'air digne et distingué ; le Maure, si peu beau

qu'il soit, paraît superbe sous son turban ;
le Juif semble toujours poursuivre un écu
invisible ; l'Espagnol et le Maltais ont l'air
audacieux.

Chaque boutique est encombrée de quatre
fois plus de marchandises qu'elle n'en com-
porte. Beaucoup sont remplis d'objets bro-
dés d'or, tels que babouches, porte-mon-
naie, brides, selles chamarrées plus ou
moins richement ; des chapelets d'ambre
de la Baltique et d'ambre de Smyrne, des
œufs d'autruche, peints et décorés de ver-
sets du Coran, enfermés dans un réseau
de soie de couleurs variées ; des bracelets
en filigrannes d'or et d'argent, fabriqués
à Constantine ; des éventails et des écrans
ornés de plumes d'autruche, des écrans en
forme de girouettes et travaillés en paille
par les nègres ainsi que de drôles de petits
bourrichons et des corbeilles où la paille
est tressée avec des lanières de drap de
toutes couleurs et des lanières de peau
bleu de ciel et rouge ; tout cela mélangé
avec des armes plus ou moins brillantes,
des fontes de pistolets, des couteaux kabyles, renfermés dans une gaîne en bois
sculpté grossièrement ; puis viennent les
foulards arabes tramés d'or, les schâlls de

Tunis qui ne se chiffonnent pas et se lavent comme du linge ; les burnous d'une laine fine comme du cachemire.

A côté de ces boutiques s'ouvrent d'autres boutiques de maltais où s'étalent des fruits arrangés avec un certain goût : raisin doré venu de Kabylie et d'Espagne, pommes de France, dattes de Tunis, bananes, oranges et grenades d'Algérie, marrons de Lyon, glands doux d'Espagne ou de l'Atlas, tomates, qu'ici l'on nomme pommes d'amour, figues de Marseille, piment, poivre long aux gousses d'un rouge éclatant ou d'un vert d'émeraude : le tout flanqué d'une grande corbeille où sont entassées de petites tortues, larges à peine comme une pièce de cinq francs, ou d'une cage en roseau où sont enfermés des caméléons.

La rue Porte-Neuve, que nous avons dû gravir pour monter à la Casbah, est une des moins étroites de la ville Maure, mais elle ne présente rien de particulier digne de fixer l'attention du touriste, et laisse le champ libre à toutes les fugues de l'imagination. Aussi, lorsque nous arrivâmes sur l'esplanade où s'élève la forteresse, les impressions du présent avaient-elles fait place dans mon esprit aux souvenirs du passé.

Ce fut avec un sentiment d'orgueil national que je franchis l'enceinte de la Casbah. Quel est le français, même le plus ennemi de la guerre, qui pourrait blâmer ce mouvement d'orgueil?

N'est-ce pas à la France que le vieux continent doit l'anéantissement de la puissance barbaresque?

N'est-ce pas le sang de nos braves qui a payé à tout jamais la rançon des esclaves sur cette terre d'Algérie et délivré toutes les populations indigènes du joug pesant des Turcs?

N'est-ce pas à nos courageux colons que sons dûs le développement et la prospérité de notre belle France africaine?

Cette prospérité, plus d'un de ces utiles travailleurs l'a payée de sa vie. Comme la Guerre, l'Agriculture a ses martyrs, et si la Mort pouvait parler, elle nous révèlerait des sacrifices modestes, des efforts de volonté, des actes de courage restés ignorés, mais féconds en résultats bienfaisants.

Le débarquement des Français à Sidi-Ferruch, le 14 juin 1830, la victoire de Staouëli qui jeta le désordre et la démoralisation parmi les troupes du dey et les janissaires eux-mêmes, l'explosion du fort l'Empereur, qui décida de la réddition d'Alger, furent l'œuvre de quelques jours. Toute cette page d'histoire contemporaine, que nous avait plus d'une fois contée un de nos vieux amis qui, en qualité d'officier d'artillerie, paya bravement de sa personne dans chaque rencontre avec l'ennemi, et qui, suivi de sa compagnie, pénétra le premier au milieu de l'embrasement et des décombres dans le fort l'Empereur, alors qu'une deuxième explosion était à redouter ; toute cette page d'histoire, dis-je, évoquée tout à coup, me ramena, par une suite de pensées rétrospectives, jusqu'au temps où la légende arabe fait remonter la construction du fort qu'on a nommé fort l'Empereur en souvenir de Charles-Quint qui le fit élever.

En 1541, l'empereur Charles-Quint résolut de détruire Alger, refuge des corsaires barbaresques les plus dangereux. Le mamelon sur lequel s'élève le fort l'Empereur lui paraissant être une position excellente pour réduire la ville, il décida d'y construire un fort, et organisa si bien les travaux qu'il fut achevé et muni d'artillerie dans l'espace d'une nuit.

Les Algériens, terrifiés à la vue de cet ouvrage formidable, le nommèrent Bou-Leila (père d'une nuit.)

Le feu de la batterie était tel que l'épouvante se mit parmi la population et que les plus braves parlaient de se rendre. En présence de ce danger pressant, les Beni-M'zab, fort nombreux à Alger, résolurent de se dévouer au salut de la ville si le pacha voulait accorder aux gens de leur tribu le monopole des bains maures et des boucheries. Le pacha y consentit à l'instant et voici le stratagème que tentèrent les Beni-M'zab.

Il est d'usage, chez les musulmans, quand ils sont décidés à se rendre, d'envoyer au camp ennemi des femmes suppliantes, comme parlementaires.

Un certain nombre de Beni-M'zab se déguisèrent en mauresques, et, selon la coutume de ces femmes, ils se couvrirent le visage d'un voile et s'enveloppèrent de la tête aux pieds dans un haïk de laine blanche, puis ils sortirent processionnellement de la ville et se dirigèrent vers les assaillants.

Les Espagnols, trompés par les apparences, cessèrent le feu et les laissèrent pénétrer dans le fort. Leur confiance leur coûta cher : chaque Beni-M'zab cachait sous ses vêtements de femme des pistolets et un yatagan. A peine le dernier était-il entré que tous se jetèrent sur leurs ennemis et en firent un affreux carnage.

Dans cette surprise, les Beni-M'zab perdirent beaucoup des leurs, car les Espagnols se défendirent avec une grande bravoure, mais ils restèrent maîtres du fort qu'une colonne d'infanterie turque, accourue au pas de course, occupa de suite, tandis que d'un autre côté les Espagnols avaient à lutter contre les troupes du bey de Constantine.......; les canons du fort furent dirigés sur la flotte et le rembarquement devint inévitable ; il eut lieu dans un désordre indescriptible.

Dans la suite, un chérif du Maroc du nom de Moulaye-Hassan, homme vénéré par sa sainteté, passant par Alger pour aller en pèlerinage à la Mecque, entendit raconter l'épisode des Beni-M'zab.

Le noble pèlerin était riche, généreux et enthousiaste ; frappé de la grandeur du dévouement des Beni-M'zab, il résolut d'en

perpétuer le souvenir en élevant à la place
de la batterie, un bordj (fort) vraiment
digne de l'action qu'il rappellerait. Pour
cela il offrit une somme de cinquante mille
douros d'Espagne au pacha, à la condition
que le bordj porterait son nom. Tout se fit
comme il le souhaitait et quatre années
furent employées à la construction du
château-fort qui domine Alger et qui, jusqu'en 1830, s'appela bordj Moulaye-
Hassan.

En pénétrant dans la Casbah, ancien
palais des deys d'Alger, on rêve de cette
gracieuse et légère architecture arabe dont
l'Alhambra est un si admirable spécimen,
et l'on se hâte d'arriver pour contempler
avec les yeux de l'artiste et le cœur du
français, la forteresse où s'est joué le premier acte des drames sanglants qui nous
ont rendus maîtres de l'Algérie. Hélas,
combien, en présence de la réalité, s'envo-
lent vite les illusions de l'artiste ! au lieu
des légères colonnettes que l'on a rêvées...
au lieu des salles ornées d'arabesques gracieuses, vous trouvez une architecture bâ-
tarde et irrégulière, à peine quelques ar-
ceaux mauresques qui méritent d'être re-
gardés !

Enfin, il n'est pas jusqu'au célèbre pavillon où s'est donné le coup d'éventail qui ne soit un sujet de désenchantement. C'est une mauvaise construction en bois, sur une portion de galerie sans cachet, sans caractère et qui ressemble beaucoup, comme nous le disait un spirituel français, à l'échoppe d'une marchande de petits chiens sur le Pont-Neuf.

Certes, au point de vue de l'art, il est regrettable que la nécessité de maintenir une forte garnison dans la Casbah ait forcé les français à transformer en un dortoir pour les artilleurs sa coquette mosquée, et en ateliers de tailleurs et de cordonniers les splendides appartements jadis habités par la famille du Dey.

Mais quand on songe à toutes les violences, à tous les crimes dont les murs de l'antique forteresse furent les témoins, on fait vite bon marché de ses rêves d'artiste, et l'on bénit l'heure où la France a détruit le nid de ces pirates, qui, depuis des siècles, rançonnaient toutes les nations civilisées.

————————

LES COURSES D'ALGER

(EXTRAIT D'UNE CORRESPONDANCE SUR L'ALGÉRIE)

———————

Les courses d'Alger ont lieu d'ordinaire dans le courant de septembre. Les chefs arabes, qui désirent y prendre part avec leurs goums (1), arrivent quelques jours à l'avance, et campent sur une colline qui domine l'embranchement des deux routes de Mustapha inférieur et de Mustapha supérieur. La maison que nous habitons, à l'Agha, fait face à cette colline, et, à toute heure, nous voyons ces enfants du désert descendre de leur camp au grand galop de leurs incomparables coursiers, par des

(1) On nomme ainsi un nombre plus ou moins considérable de cavaliers, que, selon l'importance de sa tribu, chaque chef mène à sa suite lorsqu'il va, soit aux fêtes, soit à la guerre.

2

rampes à pic, semées de pierres roulantes, tout comme s'ils galoppaient sur une route des mieux macadamisées.

Ce matin il s'est fait un grand mouvement dans le camp de nos voisins berbères. Les chefs, caïds et aghas revêtaient leurs plus beaux costumes ; les simples cavaliers allaient, d'une tente à l'autre, porter ou recevoir des ordres ; ceux-ci harnachaient les chevaux, ceux-là les menaient à l'abreuvoir ; d'autres, sous la tente, mangeaient le couscoussou. C'était un spectacle des plus pittoresques et des plus intéressants.

Les courses étaient annoncées pour une heure. Nous avions des billets de tribune, par conséquent nous étions sûrs d'y assister assis et à couvert, ce qui n'empêcha pas que, poussés par notre impatiente curiosité, nous partîmes avant midi et, comme bien vous pensez, nous arrivâmes des premiers sur le terrain des courses qui n'est guère distant de l'Agha que d'un kilomètre et demi.

L'emplacement de l'hippodrome avait été préparé au centre du vaste champ de manœuvre qui s'étend dans la plaine du Hamma, à l'est d'Alger, au fond d'une baie qui peut rivaliser de beauté avec le golfe de Naples si vanté. Une route ombreuse sépare ce champ de manœuvre, où une armée entière pourrait faire ses évolutions, des collines du Sahel émaillées de blanches maisons mauresques, veuves de leurs anciens maîtres, et résidences d'été des plus riches parmi les conquérants. Celle du gouverneur général et celle du général Yusuf, à Mustapha supérieur, sont de véritables palais, où les fontaines qui jaillissent dans des bassins de marbre et la plus luxuriante végétation entretiennent une perpétuelle fraîcheur, même au milieu des plus ardentes chaleurs de l'été.

Il est impossible de rêver un plus beau panorama que celui qui nous entourait. En face de nous, l'hippodrome qu'animaient mille groupes variés ; à droite, le jardin d'acclimatation, dit Jardin d'Essai, une des sept, ou plutôt une des cent merveilles d'Alger ; puis le village du Fort-de-l'Eau, assis au bord de la mer, dans une plaine très fertile, et appuyé aux dernières collines du Sahel, qui, toujours s'abaissant, vont, en formant un demi-cercle expirer à la pointe Matifou, perdue en pleine mer dans les teintes vaporeuses d'un riche

lointain. Derrière ces collines se découpent
les crêtes des montagnes de la grande Kabylie, parmi lesquelles on distingue les
pics aigus du Jurjura, éternellement cou-
ronnés de neige.

A gauche de l'hippodrome, le village
presque entièrement français de Mustapha
inférieur, élève, le long de la route d'Alger au Jardin d'acclimatation, ses guin-
guettes, ses cafés, et ses jolies maisons de
campagne adossées à une verte colline ;
sur un des mamelons les plus élevés de la
chaîne du Sahel, le fameux fort de l'Empereur, ainsi nommé parce qu'il fut cons-
truit jadis sur l'emplacement où campa
Charles-Quint, laisse apercevoir ses batte-
ries béantes.

Un peu plus loin se dresse la Bouzaréah,
colline sur laquelle on voit encore les ruines
d'un village habité par les pirates et d'où
leurs regards embrassaient de tous côtés la
pleine mer. Aussitôt qu'un navire appa-
raissait à l'horizon, ils descendaient de
leur observatoire, prévenaient leurs com-
plices, montaient en hâte dans leurs fe-
louks (1) pour donner la chasse aux im-

(1) Vaisseaux ou barques.

prudents navigateurs qui s'aventuraient trop près des côtes inhospitalières de la Régence. A l'extrémité de la baie faisant face au cap Matifou, Alger la mauresque dessine, de profil sur le ciel, sa casbah (1), ses murs crénelés et ses terrasses, tandis qu'*Alger la française* mire dans les flots transparents les constructions de fraîche date des rues *Bab Azoun* et *de la Marine*, que domine le gracieux minaret de la grande Mosquée.

Enfin, pour fond de tableau, aussi loin que la vue peut s'étendre, la Méditerranée, qui semble avoir dérobé au ciel son manteau d'azur pour en revêtir ses flots engageants et perfides.

Notre empressement à nous rendre aux courses nous a permis de voir arriver les curieux de toutes les nations qui affluaient dans la plaine.

Les notabilités de la ville et des environs étaient en voiture ; les dames parées comme de vraies parisiennes, les hommes en tenue irréprochable, appropriée à leur âge ou à leur dignité ; le *fretin* arrivait à pied ou dans les omnibus qui, de quart-d'heure en

(1) Citadelle que les Dey habitaient.

quart-d'heure, vomissaient de leurs flancs
une multitude bigarrée et bruyante. Ce
premier acte des courses n'a pas été un
des moins intéressants pour nous ; durant
une bonne heure nous avons passé en revue
de nombreux échantillons des peuples divers, dont Alger est le rendez-vous, et qui
figuraient là dans toute la splendeur de
leurs costumes nationaux. Il y avait des
Espagnols au regard hardi, coiffés de leur
chapeau de feutre noir à bords retroussés
et portant sur l'épaule, avec une aisance
digne de Figaro, le manteau andalou à
larges raies rouges et bleues.

Parmi les femmes espagnoles, très peu
portaient la mantille, si poétiquement gracieuse ; la plupart avaient la tête couverte
d'un foulard de soie plié en pointe, à la façon des femmes de Marseille et du littoral
de la Provence. Les juifs, au nez aquilin et
pointu, à la lèvre mince, à l'œil magnifiquement noir, mais regardant tant soit peu
en dessous, étaient vêtus à peu près comme
les Maures ; les hommes âgés avaient
presque tous la tête ombragée d'un turban
de couleur sombre, que les jeunes remplacent, depuis quelques années, par la vulgaire casquette qui paraît ignoble, associée

à la veste brodée, au pantalon flottant et au sévère manteau noir doublé de rouge qui composent le costume des fils d'Abraham. Les femmes juives devaient être en bien petit nombre, nous n'en avons pas aperçu.

Les Maures nous ont paru, sous leur turban blanc, plus magnifiques que jamais ; ils ont tous la peau d'une éclatante blancheur ; des yeux et des sourcils d'un beau noir, des moustaches et une barbe très soignées ; l'air grave et doux, la démarche lente et noble et les mains d'une petitesse aristocratique. Vrais types de héros de roman, ils portent avec une grâce le burnous que les Arabes portent avec majesté. Cependant, je dois dire que les adolescents ne sont pas, à beaucoup près, aussi beaux que les hommes faits, cela tient sans doute à ce que leur tête, complètement rasée, est laissée presque à découvert par la petite calotte rouge, nommée *chéchia*, qu'ils portent sans turban ; cette calotte, qui prend très juste, est ornée seulement d'une longue touffe de soie floche bleue, retombant par derrière jusque sur le cou.

Quelques femmes mauresques étaient là comme spécimen seulement ; (ces blanches

apparitions, nous a-t-on dit, n'étaient pas
la *crême* de la population féminine qu'elles représentaient.) Les mœurs musulmanes défendent aux femmes de se montrer
en public, celles qui s'affranchissent de
cette loi sévère sont peu estimées ; n'importe, elles faisaient très-bien au point de
vue de l'art, sous le grand voile blanc qui
les enveloppait de la tête aux pieds, et cachait entièrement leurs riches vêtements et
les bijoux dont elles aiment à se parer ;
ce voile ne nous a permis de voir de leur
costume que le bas d'un large pantalon
blanc qui, descendant jusqu'à la cheville,
leur donne la démarche de pigeons pat-
tus, et le mouchoir de mousseline qui leur
couvre tout le bas du visage, à partir de
la naissance du nez. Des yeux de velours
noir, admirablement fendus, mais sans
autre expression qu'une hardiesse de mauvais ton ; des sourcils, dont les arcs très
purs sont réunis par une ligne de peinture
noire, faite avec une préparation de noix
de galle qu'on nomme *afsah*, et un front
généralement très blanc, qu'un phréno-
logue dirait insigniflant, voilà tout ce que
les femmes mauresques laissent à découvert lorsqu'elles s'aventurent hors de chez

elles. Il est donc impossible de dire, à moins d'avoir pénétré dans leurs demeures, si elles sont aussi belles que les poésies orientales les dépeignent.

Beaucoup d'Arabes se donnaient le luxe des omnibus ; ils en descendaient magistralement, se laissant pousser sans daigner s'en apercevoir et, ne se dérangeant de leur chemin pour personne, ils se dirigeaient vers l'hippodrome avec cet air grave et impassible dont en public les adorateurs d'Allah ne se dépouillent pas plus que du burnous patriarcal.

Ce que j'ai dit plus haut pour les jeunes Maures peut encore mieux s'appliquer aux jeunes Arabes. Le haïk, que retient autour de leur tête une corde faite en poil de chameau, et qui encadre de ses plis leur visage imberbe déjà bruni par le soleil, leur donne une ressemblance frappante avec les campagnardes de l'Anjou aux traits hâlés et vieillis avant l'âge, coiffés de la *capeline* particulière à cette contrée; tandis qu'au contraire les traits des hommes d'un certain âge et surtout ceux des vieillards, ainsi encadrés, nous faisaient songer aux grandes figures bibliques d'Eliézer et de Jacob.

Nous fûmes tirés de notre contemplation
par l'arrivée d'un groupe d'officiers de
toutes armés, lancés à fond de train. Ils
firent leur entrée dans l'hippodrome, et nous
nous empressâmes d'aller prendre place sur
notre estrade qui touchait à la tribune du
gouverneur. Cette tribune était pavoisée de
drapeaux tricolores et d'oriflammes de
toutes nuances. En face d'elle s'élevait le
poteau qui marquait le point de départ des
coureurs, et le but que le mieux monté ou
le plus heureux devait atteindre le premier. Tout près de ce but était une estrade
ornée de feuillages, où se tenaient les musiciens et les juges chargés de proclamer
les noms des vainqueurs.

Les sportmen et les brillants officiers
français caracolaient au centre du vaste
périmètre ; les chef indigènes qui devaient
prendre part aux courses étaient réunis
derrière la tente du gouverneur, et les
Arabes des diverses tribus, en nombre
considérable, groupés avec la masse de
spectateurs autour de l'hippodrome, lui
formaient comme une ceinture de burnous
blancs.

A une heure, un coup de canon, parti
de la casbah, nous annonça que le gou-

verneur quittait Alger. Un quart-d'heure
après, celui-ci, superbement monté, entouré de son état-major, précédé de deux
spahis la carabine au poing, et suivi d'un
piquet de cavaliers de la même arme,
traversait l'hippodrome, se plaçait dans sa
tribune et donnait le signal des courses.

Les clairons sonnent et l'attention de
plusieurs milliers de spectateurs se fixe sur
les magnifiques étalons du haras de Blidah,
qui défilent, menés en bride chacun par
deux palefreniers. Il est impossible, avant
de les avoir vus, de se faire une idée de la
beauté de ces chevaux ; ils sont, comme
tous les chevaux arabes, plutôt petits que
grands ; mais leur robe luisante semble
de la moire, leur queue touffue ondoie au
soleil comme ferait un énorme écheveau
de soie.

Ces magnifiques coursiers, excités par
la musique militaire, qui n'a pas cessé de
jouer durant le défilé, bondissaient, se ca-
braient et semblaient à tout instant devoir
échapper à leurs palefreniers, déployant
ainsi toute leur vigueur et toute leur grâce.

Le défilé des étalons terminé, les courses
ont commencé. Deux prix ont d'abord été
disputés entre des Européens.

Les courses françaises, n'ayant jamais
eu pour nous le moindre attrait, nous pro-
fitons d'un mouvement qui se fait dans
notre tribune pour sortir et aller, jusqu'au
moment où devront commencer les courses
des indigènes, nous mêler, en observateurs
plus encore qu'en curieux, aux groupes
divers massés autour de l'hippodrome.
Nous passons et repassons au milieu de
cette foule compacte d'hommes et de chevaux sans nulle crainte comme sans nul
danger ; les chevaux sont, pour le moment,
paisibles comme des agneaux et leurs maîtres se montrent parfaitement indifférents
à la curiosité un peu sans gêne avec laquelle nous les regardons. Cette indifférence nous permet d'examiner tout à notre
aise les physionomies de chacun, le costume luxueux des chefs et le brillant équi-
pement de leurs montures.

Sous le burnous, ces chefs portent une
veste à la turque, en velours rouge ornée
de gros boutons en forme de grelots et
d'une large broderie d'or ; un haïk, en léger tissus de Tunis, enveloppe leur tête et
s'enroule autour de leur cou. Dans une
ceinture de soie aux nuances variées, rehaussée d'or, sont passé le yatagan, en-

fermé dans son riche fourreau relevé en
bosse, et des pistolets ornementés d'or, d'i-
voire et de corail; cette ceinture retient un
large pantalon de drap rouge, recouvert
jusqu'à mi-jambe de bottines en maroquin
de même couleur, auxquels sont attachés
ces longs et terribles éperons que les indigènes appellent *chabirs* et qui ont plus de
dix centimètres de longueur. Je ne saurais
mieux les comparer qu'à une forte alène
d'emballage dont la pointe, au lieu d'être
aiguë et recourbée, serait droite et légère-
ment arrondie. Et c'est avec ces instruments
de torture que l'Arabe, dont on exalte si
haut la tendresse pour son cheval, hâte
sans pitié la course du noble animal !

Les pieds du cavalier sont perdus dans
de larges étriers tout reluisant d'incrustations ; snr celui de droite est appuyée la
crosse du long *moukalah* (fusil) qui sait
si bien faire *parler la poudre*, mais dont
la lourde batterie à pierre doit être un fort
mauvais engin de guerre. Sur cette batterie comme sur la crosse du fusil, autour
d'incrustations d'ivoire et de corail, courent des arabesques d'or d'une grâce de
dessin et d'un fini de travail que n'eussent pas renié les anciens artistes maures

dont les œuvres font encore aujourd'hui notre admiration.

Le burnous recouvre en partie ces magnificences orientales, et retombe en larges plis artistiques sur le dossier et le devant de la selle qui d'habitude, est en simple maroquin rouge, mais ou de luxueuses broderies d'or et d'argent étincellent sur un fond de velours rouge ou bleu quand les chefs revêtent leur grande tenue. Cette selle a un dossier qui ressemble assez à un large dos de fauteuil et le devant en est trop relevé, si bien qu'un cavalier inexpérimenté court risque de se briser le dos ou de s'enfoncer la poitrine contre ses parois lorsque sa monture s'élance ou se cabre brusquement. On dit que ces accidents arrivent quelquefois aux indigènes, malgré l'habitude qu'ils ont des allures bondissantes du cheval arabe.

La selle des aghas repose sur une draperie de soie brochée, qui enveloppe la croupe du cheval et descend jusque sur ses jarrets. Cette draperie est à larges raies bleues et rouges, jaunes et bleues ; mais si la couleur verte vient à se mêler à ces nuances, ce qui est rare, elle indique

que le cavalier est de la lignée du Prophète, les descendants de Mohamed ayant seuls le droit de revêtir cette couleur.

Tirés de notre contemplation par une bruyante fanfare, nous n'avons que le temps de regagner notre tribune, tandis qu'une dizaine de caïds, chefs des petites tentes (1), se rangent près du poteau de départ. Parmi les chevaux, quelques-uns nous semblent d'une assez piètre apparence; ce ne sont plus les fiers étalons de tout à l'heure. Mais quands ils partent, ils passent comme un ouragan, les crins au vent, les narines dilatées, les yeux pleins d'éclairs, ils sont superbes ! Chaque cavalier est littéralement couché sur son cheval, qu'il excite de la voix et de ses terribles *chabirs*; les coursiers semblent animés de la même ardeur que les concurrents ; ils s'allongent de toute la puissance de leurs muscles, et rasent pour ainsi dire le sol ; ils se disputent pied à pied la victoire durant trois ou quatre minutes, et, jusqu'au dernier instant, elle reste indécise.

A peine le vainqueur a-t-il dépassé le but d'une longueur de tête que son cheval

(1) Petits douars ou petites tribus.

s'arrête court, obéissant comme par enchantement à la volonté de son maître :
de même font ceux qui le suivent. C'est
quelque chose de merveilleux, et qui
étonne tous les cavaliers français, que la
facilité avec laquelle le cheval arabe passe
sans transition du galop frénétique au repos instantané ; cela tient, disaient autour
de nous des connaisseurs, à la souplesse de
leurs muscles qui leur permet de céder
immédiatement, sans fléchir sur leurs jarrets, à la pression cruelle du mors arabe.

Le nom du vainqueur est proclamé, il
descend de cheval, prend en bride le noble
animal, dont les flancs saignants témoignent
de la cruelle puissance des *chabirs*, et qui,
sans se douter qu'à lui surtout s'adressent
les bravos de la foule, suit tranquillement
son maître ; celui-ci s'avance jusqu'au pied
de la tente du gouverneur général pour
recevoir la prime d'honneur, laquelle, selon
l'importance des rivaux, varie de 500 à
2,000 fr.

Six groupes de coureurs, parmi lesquels
on distingue les aghas ou chefs de grande
tente, se succédèrent ainsi sans que l'intérêt faiblît un seul instant. Durant deux
heures, le même enthousiasme anima les

spectateurs, comme la même ardeur animait les concurrents,

Parmi les vainqueurs de la dernière course des aghas, nous remarquons, au milieu d'un groupe d'Arabes qui semblent le traiter avec une respectueuse déférence, un enfant d'une douzaine d'années. C'est le chef d'une des plus importantes tribus de l'intérieur (1), il commande à trois ou quatre cents tentes (2). Par la mort de son père, tué il y a quelques mois dans une razzia, cet enfant est devenu l'agha de sa tribu à l'âge ou, d'ordinaire, on apprend à obéir pour savoir plus tard commander. Le petit bonhomme, fièrement campé sur son ardent et beau cheval qu'il manie avec l'aisance d'un écuyer émérite, joue déjà fort bien son rôle de maître, et c'est avec une impassibilité et une indifférence des mieux affectées qu'il sort de l'arène, après avoir reçu le prix des mains du chef roumi (3).

(1) On désigne ainsi les tribus soumises qui campent entre le grand et le petit Atlas.
(2) Le dénombrement des Arabes nomades se fait par *tente*, comme celui des indigènes sédentaires se fait par fusil.
(3) Chrétien (romain). Nom que les Arabes donnent par mépris aux Français dont ils n'acceptent qu'à grande peine la domination.

Peu après le gouverneur reprit le chemin d'Alger, les riches équipages, les brillants cavaliers, les modestes flacres fendirent la foule qui s'écoulait lentement des tribunes ; les omnibus furent assaillis et pris d'assaut par les plus forts ; quelques injures, quelques coups de poing furent échangés, et la plus grande partie des curieux regagnèrent à pied leurs demeures. Nous fîmes comme eux, emportant le souvenir ineffaçable de cette belle et intéressante journée qui nous donnait un si merveilleux avant-goût de la fantasia promise pour le lendemain.

LA FANTASIA

(EXTRAIT D'UNE CORRESPONDANCE D'ALGER)

De tous les spectacles que j'aie jamais
vus, le plus émouvant, le plus enivrant est
bien la *Fantasia!* et, je ne crains pas de
l'affirmer, un membre du Congrès de la
paix, lui-même, subjugué par ses charmes
fantastiques, sentirait, ne fut-ce qu'un
instant, s'éveiller en lui l'ardeur guerrière
de nos pères les Gaulois.

Je vais essayer de vous décrire cette
scène dont mon esprit est encore tout rempli. Que votre imagination me vienne en
aide, donnez lui carrière, elle ne dépassera
jamais la réalité.

Nous étions depuis un quart d'heure

dans notre tribune, lorsque les goums, étendards déployés, musique en tête, arrivèrent à l'hippodrome. Les musiciens, à cheval comme le reste, s'escrimaient de leur mieux ; les uns en soufflant dans des chalumeaux en roseaux, d'où ils tiraient trois ou quatre notes monotones et criardes, les autres frappant avec une baguette recourbée sur de larges tambourins, qu'ici on nomme des *tamtams*. De ma vie je n'ai rien entendu d'aussi barbarement primitif que cette musique, si ce n'est cependant celle des montreurs d'ours, ce qui n'empêchait pas les guerriers arabes de défiler fièrement au son de cette grotesque orchestration, pour venir se ranger en bataille au milieu de l'hippodrome où le gouverneur général est allé les passer en revue.

Aujourd'hui le nombre des Arabes est bien plus considérable qu'hier ; j'estime que, tant dans la lice qu'alentour, on compte bien cinq à six mille indigènes ; c'est que la fantasia est de tous les exercices et de tous les spectacles celui dont l'Arabe est le plus avide.

Tout à coup la masse des guerriers s'ébranle, le gouverneur général traverse à franc étrier l'hippodrome pour venir se placer dans sa tribune. Bientôt la cavalerie indigène se divise en deux camps et chaque troupe va se placer aux extrémités opposées de l'arène. Les chefs sont à la tête de leurs goums respectifs ; on les reconnaît facilement à l'or et à l'argent de leurs selles qui miroitent sous l'ardent soleil, et aux longues draperies flottantes qui enveloppent la croupe de leurs coursiers... Tout le monde est dans l'attente ! La même impatience, la même soif d'émotions font palpiter l'âme des combattants et de ceux qui les contemplent. La noire prunelle de quelques Arabes placés près de nous dans la tribune étincelle d'un sauvage enthousiasme, leurs lèvres frémissent d'impatience, leurs narines semblent aspirer l'odeur de la poudre ! En vérité, le burnous aidant, les plus laids sont magnifiques en ce moment !

Les clairons sonnent la charge ; un immense cri (comme devaient en pousser les Huns, lorsqu'ils s'élançaient au combat), part spontanément des deux camps, et la lutte commence.

D'abord quelques cavaliers isolés se détachent du groupe de gauche, traversent au galop les deux tiers de l'espace, épaulent leur long fusil, ajustent, tirent et, tournant bride spontanément, reviennent vers leur camp. Du côté opposé partent à leur tour une douzaine de cavaliers qui exécutent les mêmes mouvements.

Bientôt ce ne sont plus quelques cavaliers seulement qui s'élancent vers leurs adversaires ; c'est par vingt, par trente, par cinquante qu'il faut les compter : nulle discipline, nulle entente dans les évolutions ; c'est un pêle-mêle indescriptible et plein de grandeur sauvage. Chefs et soldats, animés de la même ardeur, courent sus à l'ennemi, en poussant des hurrah frénétiques ; des nuages de poussière s'élèvent sous les pieds des chevaux. Les décharges de mousqueterie se succèdent sans interruption, mais sans régularité ; à travers la fumée de la poudre, on voit briller les *mouckalahs* (fusils), que les plus agiles jettent en l'air d'un bras nerveux, rattrappent adroitement et déchargent toujours galoppant.

Plusieurs cavaliers sont renversés ainsi que leur monture. Des brancards entourés rés et recouverts de toiles blanches sont apportés, mais nul des blessés ne veut se laisser emporter *comme une femme.*

L'un d'entre eux a la cuisse cassée, ce qui ne l'empêche pas de se relever, de remonter à cheval pour rentrer sous sa tente en fier guerrier qu'il est.

A mesure que la *poudre parle*, l'ardeur du combat s'accroît, des cris rauques sortent plus pressés de toutes ces poitrines haletantes : c'est une mêlée générale ! Les étendards des deux troupes confondent dans les airs leurs plis soyeux, le vent soulève et fait flotter les burnous blancs des simples cavaliers, les burnous rouges, noirs, violets ou verts des agahs, les housses chamarrées des coursiers : ceux-ci pris de vertige comme leurs maîtres, semblent ne plus savoir obéir ; ils hennissent, se cabrent, s'élancent avec des bonds furieux ! Nulle expression ne saurait peindre cette scène, où la passion guerrière atteint son paroxisme ! Si ce n'était le bruit de la mousqneterie, qui ne gâte rien à l'ensemble, nous pourrions nous croire transportés au temps où les musulmans opposaient leurs grands cimeterres, leurs terribles damas aux masses d'armes et aux bonnes lames de Tolède des chevaliers croisés.

Mais l'éclair des yatagans vient d'étin-

celer, l'animation touche à la frénésie.
Dans les deux camps on est prêt d'oublier
que cette lutte n'est qu'un jeu, et le sang
va couler ! Le gouverneur général donne
ordre de faire cesser ce simulacre de combat. Les hérauts d'arme descendent dans
l'arène, et de toute la puissance de leurs
poumons sonnent la retraite ; mais les
goums n'en continuent pas moins de se
poursuivre ; ils se chargent, se rejoignent,
se mêlent de nouveau, chaque guerrier est
ivre de poudre, il n'entend et n'écoute que
la voix du *mouchalah*. Force est aux
chefs des bureaux arabes (1) de descendre
eux-mêmes dans la lice et de faire sonner

(1) « Le territoire de l'Algérie est partagé en
« trois divisions ou provinces, quatorze ou quinze
« subdivisions et quarante à quarante-cinq cercles
« ou annexes. L'unité administrative indigène est
« le cercle... il est attaché à chaque commandant
« de cercle un bureau arabe pour tout élaborer :
« celui-ci est le délégué du commandant et le re-
« présente. »
Chaque bureau arabe est composé ainsi : un bon
chef de bureau et un adjoint, un kadhi (juge mu-
sulman), et un assesseur, un secrétaire français,
un secrétaire indigène, un chaouk (huissier ou
garçon de bureau) et quelques cavaliers pour agir
au dehors, porter des ordres, etc.
« Le bureau arabe a, dans ses attributions, le
« soin de répondre à tous les besoins, à toutes les
« demandes, à toutes les tentatives d'initiative de
« la race conquérante sur le territoire conquis, et

sans interruption les clairons. A la vue de
l'uniforme de ces officiers, dont la puissance est illimitée et qui disposent du sort
des tribus indigènes, les moins excités, ou
les plus prudents d'entre les chefs, ras-
semblent leurs hommes, les calment, font
taire les armes à feu et rentrer les yatagans dans le fourreau.

Les chasseurs d'autruches obéissent les
derniers ; durant le combat ils se sont fait
remarquer par leur fougue impétueuse,
leurs gestes énergiques, leurs cris reten-
tissants. Ces hommes à demi-sauvages,
venus des confins de nos possessions dans
le désert, passent leur vie à chasser l'au-

« ceci seul est une besogne bien grande et sou-
« vent bien ingrate. On compare quelquefois
« le bureau arabe à l'autorité des pachas d'O-
« rient. Le bureau arabe a, sur les musulmans,
« un pouvoir plus étendu, puisque, en outre de
« tout ce que peut faire un pacha, il contrôle en
« Algérie tout ce qui touche à la religion musul-
« mane, et cela avec bien plus d'indépendance
« que ne pourrait le faire un successeur des sa-
« trapes.
   « Le bureau arabe est le trait-d'union entre la
« race européenne qui s'est implantée en Algérie
« depuis 1830, et l'indigène qui occupait antérieu-
« rement ce pays et l'occupe encore. »
                         F. HUGONNET.
         (Souvenirs d'un chef de bureau arabe,
           chapitre 1er.)

                                              3

truche, dont les plumes sont pour eux un objet de commerce très lucratif, et ils ne descendent guèrede cheval que pour dormir.

Vêtus du burnous comme les Arabes, ils portent sur la tête, au lieu du haïk, un *médol*, chapeau de paille à très larges bords dont le fond est exagérément haut ; sur ces bords et sur cette forme à la Fra Diavolo, sont cousues de courtes plumes d'autruche qui en cachent complétement le tissu primitif. Ces plumes (qui ne sont pas des plus belles, les chasseurs aiment trop les *douros* (2) qu'elles rapportent pour employer les plus belles plumes à cet usage), ces plumes, dis-je, grises, noires, plus ou moins sales, plus ou moins déchiquetées, forment une coiffure dont il est impossible de se rendre compte à distance, et qu'il est encore plus difficile de décrire.

Quand la *fantasia* atteint son plus haut degré d'animation et que les chasseurs d'autruches, brandissant leur fusil, laissent voir jusqu'à l'épaule leur bras nerveux et bronzé, ce chapeau, retenu à leur cou par un lien, tombe en arrière et, à chaque bond du cheval, se livre à des

(2) Nom que les indigènes donnent aux écus d'argent français et espagnols.

évolutions telles, que l'on croit voir un immense oiseau de proie, les ailes pendantes, se débattre dans les dernières convulsions de la mort sur les épaules du cavalier. C'est hideux! c'est presque effrayant!

Le calme, une fois rétabli, les deux troupes, tout à l'heure rivales, se réunissent pour venir défiler lentement devant la tente du gouverneur au son de leur musique *barbaro-guerrière* qui, toute ridicule qu'elle paraît d'abord, n'enlève pas à cette dernière scène de la *fantasia* une certaine grandeur. Chaque goum, en passant, incline sa bannière, pousse de grands cris, décharge ses armes et sort de l'hippodrome pour regagner son campement.

Puis, comme la veille, la foule, émue, s'écoule lentement des tribunes, et moi, tout étourdi, ou plutôt tout enivré de ce que je viens de voir et d'entendre, je n'ai plus d'yeux pour ce qui m'entoure, plus d'oreilles pour les conversations des gens qui nous coudoient, plus d'autre pensée que d'accourir vous raconter cette merveilleuse fantasia, pour laquelle seule tout français ayant quelques épargnes à dépenser en plaisir devrait faire le voyage d'Alger.

LES AÏSSAOUAS

En Algérie, comme dans tous les pays
musulmans, il existe plusieurs sectes religieuses dont les rites étranges, les cérémonies mystérieuses semblent tenir à la
fois du boudhisme et du paganisme.

Parmi ces sectes, la plus considérable,
sinon par le nombre du moins par son
influence, est celle des Aïssaouas. Elle tire
son nom d'Aïssa, son fondateur, dont la
tradition fait un des esclaves les plus aimés
du prophète Mohamed.

D'après l'opinion la plus accréditée, cette
secte cache, sous un extérieur religieux, un
but politique dont ses principaux chefs ont
seuls le secret. Elle a son centre à La Mecque, d'où l'une de ses ramifications s'étend

sur tout le littoral africain compris entre l'Egypte et la frontière occidentale du Maroc. Par l'intermédiaire des Aïssaouas, les prêtres ou marabouts musulmans peuvent facilement entretenir des relations d'un bout à l'autre de la côte, faire, quand ils le veulent, passer des mots d'ordre et appeler les populations fanatisées à une prise d'armes contre tel ou tel prince islam, ou à une guerre sainte contre les *Roumis* (les chrétiens), que, d'après une vieille prédiction, les fils du Prophète doivent chasser un jour du sol algérien.

Certains pensent que l'organisation disciplinaire et secrète des Aïssaouas a plus d'un rapport avec celle d'une secte de musulmans Ismaëliens, fondée vers le milieu du ve siècle de l'Hégire, le xie de l'ère chrétienne, par un nommé Hassan et qui fit trembler pendant un siècle et demi tous les rois de la haute et basse Asie.

Les sectaires d'Hassan, connus sous le nom d'*assassins* (ou plutôt Hassassins mot qui signifie en Arabe voleurs de nuits, gens qui tuent en guet-apens), avaient pour chef à l'époque des Croisades, le trop célèbre *Vieux de la Montagne* qui, grâce à la terreur qu'inspiraient ses séïdes, avait contraint tous les princes à lui payer tribut.

Quelle que soit l'origine réelle les Aïssaouas, voici sur eux la légende que nous a raconté un Franco-Algérien, fort instruit, très versé dans la connaissance des mœurs indigènes.

Aïssa reçut un jour du prophète d'Allah une mission secrète des plus délicates, pour l'accomplissement de laquelle il avait besoin d'un certain nombre d'hommes dévoués jusqu'à la mort. Il demanda à ses co-religionnaires lesquels d'entr'eux consentiraient à le suivre partout et à lui obéir aveuglément.

Quarante se présentèrent. Aïssa, à la chute du jour, s'enferma avec ces hommes dévoués dans une maison peu éloignée d'un bois, dans laquelle il avait fait introduire secrètement quarante moutons. Bientôt après, le peuple, qui s'était assemblé devant cette demeure pour saluer Aïssa et ses compagnons à leur départ, vit successivement couler quarante flots de sang sous la porte ; et pourtant, nul cri, nul gémissement ne se faisait entendre. D'abord terrifiée, la foule resta immobile, puis fit invasion dans la maison et la trouva vide.

Il est évident que par une issue dérobée

donnant sur le bois, Aïssa était sorti avec
ses compagnons et qu'à la faveur de l'obs-
curité croissante ils purent s'éloigner sans
être vus, chacun d'eux emportant un
mouton égorgé pour subvenir aux premiers
besoins de la troupe.

Cette disparition mystérieuse d'Aïssa et
de ses quarante fidèles dût faire beaucoup
d'impression sur les masses crédules et,
dans la suite, elle dût donner à ceux qui
reparurent une grande influence sur l'esprit du vulgaire que son ignorance porte à
s'éprendre du merveilleux.

Après leur fuite, continue la légende,
Aïssa et ses compagnons traversant un
vaste désert aride et sans eau vinrent à
manquer de vivres. Durant plusieurs jours,
les fidèles supportèrent avec courage la
faim et la soif qui les tourmentaient. Mais
les souffrances devinrent telles que leur
foi en fut ébranlée. Un certain nombre
murmurèrent contre Aïssa et l'accusèrent
de les avoir amenés dans ce lieu pour les
faire périr ; d'autres pleurant et sanglot-
tant, se prosternèrent à ses pieds, en le
suppliant de les sauver.

Aïssa s'agenouilla, se mit en prière durant quelques instants, puis se relevant, le

cœur rempli d'une invincible foi, le regard brillant d'un saint enthousiasme, il
étendit la main pour imposer silence à
ceux qui l'entouraient et, d'une voix ins-
pirée il s'écria : « — De quoi vous in-
« quiétez-vous? Allah n'est-il plus le Père
« de son peuple? Mohamed n'est-il plus
« son Prophète? Et que dit le Prophète?
« Si non que la vie est assurée à tout vrai
« croyant! CROYEZ DONC! et tout ce que
« vous pourrez mettre dans votre bouche
« vous deviendra *nourriture* et *breu-*
« *vage!* »

Et joignant l'action à la parole. il
cueillit les feuilles hérissées d'épines d'un
cactus et les broya sous ses dents, comme
il eut fait de dattes savoureuses ou de gâteaux d'orge et de miel. Les disciples
d'Aïssa suivirent son exemple et bientôt
ils se trouvèrent rasssasiés. Ils firent de
même chaque jour, tant que dura la tra-
versée du désert. Non seulement les feuilles
de cactus, mais les scorpions, les serpents,
le sable, les pierres même, en un mot
tout ce qui pouvait entrer dans leur bouche, leur devint *nourriture* et *breu-*
vage.

Evidemment cette partie de la légende

d'Aïssa est un pastiche des miracles que la Bible nous dit avoir été accomplis par Moïse pour nourrir et abreuver les Israélites dans le désert. La religion fondée par Mohamed fourmille de ces imitations.

Plus tard, ces quarante fidèles se dispersèrent par toute la terre pour enseigner aux peuples la loi de Mohamed.

C'est en mémoire de ce miracle accompli par Aïssa que ses sectaires célèbrent chaque année, durant huit jours, des fêtes où ils se livrent à mille excentricités religieuses. C'est alors que les nouveaux adeptes, après s'y être préparés par de longs jours de jeûne et de séquestration, sont admis à prendre part à ces cérémonies. Si, durant les épreuves préliminaires, les néophytes ont réellement reçu la *Grâce*, si l'*Esprit de la Terre* est venu en eux, on les voit alors affronter impunément le fer, le feu et les morsures des serpents, car l'Esprit les a rendus *invulnérables*.

Il y a deux sortes d'Aïssaouas : les Aïssaouas *chameaux* qui, dans leurs fêtes, ne mangent que du feu, des scorpions, des feuilles de cactus épineux, et les Aïssaouas *lions* qui déchirent avec leurs ongles et leurs dents des animaux vivants, poulets, moutons, chèvres, veaux, dont ils dévorent les entrailles et boivent le sang avec délice.

Ce récit avait fort éveillé notre curiosité et l'époque des fêtes nocturnes des Aïssaouas étant arrivée, nous nous aventurâmes un beau soir, guidés par notre bienveillant conteur, à la recherche de la maison où devaient s'être réunis les Aïssaouas.

Il nous fallut gravir bon nombre des rues étroites et escarpées de la vieille ville mauresque, qui souvent serpentent sous de sombres voûtes, avant d'entendre les sons lointains des tam-tams. Enfin, guidés par le bruit sourd et cadencé de ces sauvages instruments, nous arrivâmes à la porte basse qui donnait entrée chez les Aïssaouas.

Après avoir traversé l'*Atrium* à peine éclairé, où nous étions coudoyés à chaque pas par la foule pressée des indigènes, nous pénétrâmes dans l'enceinte où nous allions voir s'accomplir les cérémonies religieuses les plus fantastiques.

Quatre galeries aux arcades du plus pur style arabe, soutenues par des colonnes torses supportant l'étage supérieur, régnaient autour d'une cour intérieure.

Trois de ces galeries étaient encombrées
de spectateurs arabes, maures, mozabites,
nègres et biscris, les uns debout, les autres
accroupis. Sous la quatrième galerie, faisant face à la porte d'entrée, étaient ap-
pendues deux lampes arabes à triples becs,
dont la flamme fumeuse jetait une lumière
incertaine qui, au bout de quelques instants, nous permit de distinguer une demi
douzaine de musiciens mauricauds assis
sur des nattes et appuyés aux colonnes, à
l'extrémité gauche de cette galerie. Leurs
larges pantalons et leurs turbans blancs,
leurs dents d'ivoire et les éclairs de leurs
yeux se détachaient seuls en vive lumière
du fond obscur avec lequel se confondaient
leurs vestes de couleur sombre et leur face
d'ébène. Quatre de ces musiciens s'éver-
tuaient à frapper avec une baguette recourbée sur la peau tendue d'énormes tam-
tams ; les autres agitaient dans chaque
mains des krakeuls (grosses castagnettes
en fer), et faisaient, à qui mieux mieux,
un effroyable tintamarre.

Comme nous entrions, vint s'asseoir sur
un escabeau assez élevé, en face des musiciens, le grand-prêtre des Aïssaouas,
vieil arabe, dont les traits, d'un beau type,

empruntaient une certaine majesté à la longue barbe blanche qui tombait à flots sur sa poitrine et à l'ample burnous qui l'enveloppait complètement de ses plis artistiques, un peintre eût pu rêver en le voyant des patriarches de la Bible.

Seul, parmi les Aïssaouas qui l'entouraient, cet homme avait quelque distinction ; les autres, plus ou moins sordidement vêtus et plus ou moins laids, portaient sur leur visage l'expression d'un fanatisme hébêté.

Les tam-tams, et les krakeuls cessèrent de retentir ; un Aïssaoua s'avança vers le grand-prêtre, s'agenouilla devant lui, se jeta comme une hyène affamée sur la feuille de cactus armé de ses longues épines qu'il lui présentait, et la dévora en poussant des cris rauques, imitant le beuglement du chameau, soit pour honorer, par ces cris imitatifs, le chameau porteur d'Aïssa dans le désert, soit pour témoigner qu'il appartenait à la secte des Aïssaouas *chameaux*. Une des plus longues épines traversa la joue, sans que cet incident mit fin à son étrange repas, et sans qu'il parut en ressentir la moindre douleur. Plusieurs Aïssaouas vinrent successivement se prosterner devant le grand-prêtre et manger le cactus sacré, après quoi tam-tams et krakouls recommencèrent leur étourdissant vacarme, et le grand-prêtre se retira.

Vint alors un Aïssaoua qui, le visage tourné du côté des musiciens, se mit à se dandiner d'un talon sur l'autre, au milieu de la cour. Graduellement, l'infernal orchestre marqua plus rapidement la mesure, et le danseur précipita ses dandinements et ses trémoussements, à un tel point qu'il nous sembla pris de vertige ; évidemment il n'était plus maître de lui. En trépignant, il jetait si violemment sa tête en avant et en arrière, qu'elle semblait complètement désarticulée. Dans un de ces mouvements désordonnés, le turban qui la couvrait tomba sur le sol, jamais je n'ai rien vu de plus repoussant que cette tête rasée sur laquelle bondissait, à chaque mouvement de va-et-vient, la longue et unique mèche de cheveux que les musulmans conservent religieusement, parce qu'elle doit servir au prophète, le jour du jugement pour les enlever au ciel : de là le nom de El Mohamed qu'ils lui donnent.

Le pauvre fanatique était ruisselant de

sueur ; ses yeux s'injectaient de sang, sa poitrine sifflait et se soulevait à se briser, et il dansait, dansait, dansait toujours ! Enfin, disloqué, épuisé, râlant, il s'affaissa sur lui-même, nous le crûmes mort ; il n'était que suffoqué. Un de ses coreligionnaires le souleva dans ses bras, s'assit par terre, le soutint renversé sur lui, tandis qu'un autre lui massait la poitrine et les flancs pour rétablir le jeu des poumons, et qu'un troisième lui faisait respirer, au risque de l'étouffer tout à fait, de la fumée d'encens qui s'élevait d'un prosaïque réchaud en terre, semblable à ceux sur lesquels les femmes mauresques font cuire le couscoussou ; réchaud que ce frère servant avait promené autour de l'Aïssaoua pendant sa danse de possédé.

Quelques sourds gémissements annoncèrent que le malheureux revenait à la vie. Au bout de trois ou quatre minutes, il fut sur ses jambes, et la musique reprenant sa cadence vertigineuse, il recommença ses trémoussements frénétiques et les continua jusqu'à une seconde suffocation.

Quatre ou cinq Aïssaouas se livrèrent successivement à cet exercice, auquel l'épuisement de leurs forces mettait fin. Entre

temps, les plus religieux des fidèles jetaient des pièces de monnaie aux pieds des
danseurs et sur les nattes des musiciens ;
tandis qu'une sorte de frère quêteur, pour
stimuler le zèle des tièdes, parcourait les
rangs des spectateurs. Nous fîmes largesse
de quelques pièces de cinq centimes, et
cette générosité nous valut une préve-
nance à laquelle j'étais loin de m'attendre
et que j'appréciai d'autant plus que je tom-
bais de fatigue. Un Aïssaoua nous apporta
des sièges, des chaises françaises, en vérité ; et nous assistâmes ainsi, plus à l'aise,
au reste de la séance.

Tant que durèrent ces danses, auxquelles on ne peut rien comparer, sinon les
tournoiements des derviches, les char-
meurs de serpents se promenèrent devant
nous, en faisant faire à ces reptiles toutes
sortes de petits exercices qui émerveil-
laient la foule et dont nous ne fûmes pas
dupes. Celui-ci approchait de son visage
la tête d'un serpent, qui aussitôt dardait
sa langue sur ses lèvres ou dans ses yeux;
celui-là enroulait autour de son cou plusieurs de ces hideux animaux, dont les
têtes se dressaient en sifflant, et parfois si
près de nous, qu'involontairement je me

rejetais en arrière, bien que je fusse certaine qu'ils n'étaient nullement dangereux ; puis ils les élevaient en l'air, les faisaient tournoyer, comme s'ils eussent voulu les lancer au milieu de la foule. Après les avoir ainsi tourmentés, ils présentaient leurs doigts aux serpents qui les mordaient avec fureur, sans que leurs dents laissassent aucune trace. Les spectateurs vrais croyants voyaient un miracle dans cette jonglerie, ne se doutant pas que ces serpents étaient d'une espèce inoffensive, ou que les Aïssaouas avaient préalablement arraché leurs crochets venimeux.

Vint enfin le tour des invulnérables, qui devaient braver impunément le fer et le feu. On apporta des pelles rouges qu'ils se prirent à lécher, à saisir entre leurs mains ; ils dansèrent dessus jusqu'à ce que la plante de leurs pieds, revêtue d'une corne épaisse, sentît le roussi ; ils mirent dans leur bouche des charbons enflammés. Ces exercices nous parurent encore des tours de jonglerie que plus d'un de nos saltimbanques exécutent pour le moins aussi bien que les Aïssaouas. Quant aux charbons ardents, combien d'écoliers en ont tenu de la sorte entre leurs dents, au grand ébahissement de leurs camarades !

Vinrent ensuite les lames de sabre, sur le coupant desquelles les *invulnérables* piétinèrent, trépignèrent toujours au son des tam-tams. Un d'eux, après avoir mis à nu sa poitrine, se coucha en travers sur le tranchant d'un flissas, que soutenaient en l'air deux de ses coreligionnaires, et, se laissant peser de tout son poids, il s'y tint assez longtemps en équilibre. Par malheur, cet invulnérable n'était pas invulnérable du tout. Soit que, nouvel adepte, il fut peu exercé encore à son métier d'équilibriste, la lame pénétra dans les chairs et le blessa ; mais, sans que son visage trahît aucune émotion, il rattacha vivement sa ceinture, et, si quelque autre que nous vit couler le sang qui s'échappait de la blessure, il dut croire que c'était une illusion produite par l'Esprit tentateur pour porter atteinte à sa foi.

Enfin, pour couronner dignement cette soirée, le spectacle le plus repoussant nous fut donné par un Aïssaouas d'une taille herculéenne. Il s'arma d'une mince broche en fer terminée par une boule, et, l'enfonçant dans le coin extérieur d'un de ses yeux, il fit sortir cet œil de l'orbite. En cet état, et malgré la vive douleur qu'il devait ressentir, il se promena gravement durant quelques minutes ; après quoi il prit son œil entre ses doigts et le remit en place, avec autant d'impassibilité que s'il eût tout simplement serré sa cigarette dans la poche de sa gandourah (1). Vous dire ce qu'avait de hideux cette cavité sanguinolente au-dessous de laquelle pendait l'œil désorbité, m'est impossible. Ce spectacle était si effroyable que je m'en détournai avec horreur, en suppliant notre guide de m'emmener bien vite hors de ce repaire...

Vous le voyez, il n'est pas besoin d'aller jusque dans l'Inde ou de pénétrer dans les contrées les plus inhospitalières de l'Afrique pour assister à des scènes dont le plus ignorant, et par conséquent le plus abrutissant de tous les fanatismes fait les frais.

Inutile de vous dire que durant tous ces exercices les *soldis* pleuvaient sur les nattes des musiciens et dans l'escarcelle du quêteur, qui savait son métier, je vous en réponds.

Nous sortîmes de chez les Aïssaouas l'esprit bouleversé de toutes ces scènes sauvages, de ces dégoûtants sortilèges qui sont des insultes à la civilisation et au bon sens.

FÊTE DES FÈVES A ALGER

LE PAGANISME DES NÈGRES

La fête dite des FÈVES, qui met en
liesse toute la population nègre d'Alger, le
25 mars, se célèbre en l'honneur de Sidi-
Bélal, le fidèle esclave de Mohamed, qui
occupe une place d'honneur dans l'un des
sept paradis du grand Allah. On la nomme
fête des *Fèves* parce qu'en cette saison les
fèves commencent à mûrir et viennent
remplacer les navets qui servent en hiver
à la préparation du couscoussou. Tout
nègre vrai, croyant, ne peut se permettre
de goûter à ce légume avant qu'on ait
immolé un taureau à Sidi-Bélal.

Dès le matin, *négros* (1) et négresses
se sont réunis dans les divers quartiers de
la ville et sont descendus en foule vers la
mosquée de Sidi-Abd-el-Kader, pour se
mêler au cortège du taureau sacré ; ce
cortège est parti d'Alger à midi et s'est
acheminé, en suivant le bord de la mer,
vers le marabout qui renferme le tombeau
de Sidi-Bélal. Ce marabout est situé au
pied d'une éminence qui domine la plaine
du Hamma, près le Jardin d'acclimatation.

Les musiciens *mauricauds* marchant
en tête du cortège faisaient retentir l'air
du bruit assourdissant de leur tamtams et
des sons aigus de leurs flûtes de roseau ;
derrière les musiciens venaient les grandes
négresses, selon leur rang de dignité ou
de sainteté : ces sortes de négresses sont
vénérées des nègres presque à l'égal des
marabouts (2) ; leurs coréligionnaires leur
attribuent la puissance de guérir certaines
maladies et de conjurer les mauvais esprits.

(1) En Algérie on nomme ainsi les nègres.
(2) Religieux très vénérés les musulmans à
cause de leur antique noblesse et de leur réputation de sainteté. On donne aussi le nom de marabout aux *kaouyas*, chapelles élevées en l'honneur
de quelque saint personnage et qui sont desservies
par ces religieux.

La première d'entre elles portait sur la tête une haute coiffure en forme de pain de sucre, qui rappelait le hennin des femmes du moyen-âge ; elle était entièrement vêtue de blanc et avait sur le visage le voile des femmes indigènes ; les autres grandes négresses étaient enveloppées d'un haïk rouge et tenaient à la main des cierges sacrés ; ensuite venaient les sacrificateurs, puis les danseurs ; ceux-ci sautaient et pirouettaient comme des fous devant le taureau destiné au sacrifice. Les cornes du pauvre animal étaient dorées, sa tête couronnée de fleurs et de feuillage, son corps couvert de bandelettes et d'une longue draperie brodées de coquillages ; des morceaux d'étoffe de diverses couleurs flottaient à ses flancs et son cou ; tout cela était agencé selon le goût *négro*, qui est bien le plus baroque de tous les goûts.

La victime était entourée et suivie des fidèles au teint d'ébène et d'une foule de curieux de toutes les nations qui peuplent Alger. Les négresses avaient revêtu tous leurs atours, où se trouvaient accouplées les couleurs les plus criardes, ca r les noires coquettes se trouvent d'autant plus belles qu'elles associent ensemble, plus de bleu, de blanc, de rouge et de jaune.

La négresse Zora, ma servante, m'aurait quittée certainement si je ne lui eusse pas permis de prendre part à cette fête. Elle marchait radieuse au milieu du cortège ; quand elle m'aperçut, elle vint à moi et, riant de son bon rire d'enfant, elle me dit, en me baisant, selon son habitude, la paume de la main : « Zora bien heureuse ! Zora bien belle ! » En effet, elle portait une toilette ébouriffante. Sur sa tête, elle avait chiffonné un foulard rouge et or ; sa poitrine était à demi voilée par une chemise de tulle brodé qui en faisait ressortir le ton bistré ; des manches flottantes laissaient voir en entier son bras digne d'appartenir à une belle statue de bronze ; un large pantalon d'une blancheur de neige, retenu à la taille par une ceinture de soie marron, à longs bouts tissés d'or, lui descendait jusqu'à mi-jambe, un *foutah* (1) de soie, à raies olive et brun-clair, l'enveloppait comme d'une tunique. Un grand schall de Tunis, à larges raies bleu de ciel

(1) Pièce d'étoffe que les mauresques et les négresses ceignent autour de leurs reins et qui leur descend jusqu'à mi-jambe.

et blanc, plié en carré, venait se rattacher sur le côté droit de la poitrine à l'aide d'une simple épingle, au grand regret de la vaniteuse Zora, qui aurait bien voulu avoir, pour ce jour-là, une riche agrafe d'argent ; sur le tout elle avait jeté le haïk en étoffe de coton, à petits carreaux bleus et blancs, sans lequel une négresse qui se respecte ne se montre pas en public. Ce haïk est une sorte de grand voile, blanc chez les mauresques, bleu chez les négresses, rouge chez les femmes de Constantine, qui descend jusqu'aux pieds, et que les négresses savent draper avec une grâce tout originale.

Bon nombre de mauresques du bas peuple et de cette classe infortunée qui s'affranchit de la réclusion qu'imposent à toute femme honnête les mœurs musulmanes, prenaient part à la fête ; toutes avaient le visage voilé. Les nègres avaient pris leurs plus beaux costumes ; un d'entre eux se faisait surtout remarquer, chose rare chez un nègre, par le bon goût de son accoutrement. C'était le chaouch (1) des architectes diocésains, nègre de haute

(1) Domestique de confiance.

taille, issu directement des nègres du Soudan, par conséquent du plus beau noir et doué d'un nez des mieux épatés ; il portait un turban de cachemire blanc, un caftan de drap fin couleur groseille , dont les poches, les épaules et les poignets étaient rehaussés d'une riche broderie d'or ; un large pantalon flottant, de la même couleur que le caftan, et une ceinture de soie brodée groseille et noire ; il s'enveloppait d'un air majestueux dans un bernous blanc de la plus belle laine de Tunis. Ainsi vêtu, il avait l'air d'un roi mage. Ce costume devait coûter au moins 5 à 600 fr. ; mais quand il s'agit d'habillements, les *negros* n'y regardent pas.

Ils dépensent tout ce qu'ils gagnent en vêtements aussi luxueux que possible, le reste les inquiète peu : un petit pain, une pastèque, ou quelques figues de Barbarie en été, le couscoussou et une orange en hiver, voilà pour leur nourriture ; une natte de paille ou la dalle de quelque galerie, voilà pour le coucher ; avant tout, il faut se couvrir d'oripeaux et de dorures. En cela, ils ne le cèdent pas à leurs femmes.

Quand le cortège arriva près du tombeau de Sidi-Bélal, les danseurs sautèrent de plus belle d'un talon sur l'autre, se dandinant de droite et de gauche et jetant avec une effrayante rapidité, la tête en avant et en arrière ; puis ils se prirent à tourner sur eux-mêmes, jusqu'à ce que, perdant haleine, ils tombassent d'épuisement et de fatigue, à la grande joie des femmes mauresques qui témoignaient leur admiration en frappant leurs lèvres de l'index et poussant en chœur, par intervalles, des *you, you* approbatifs. Un assez grand nombre de tentes avaient, dès la veille, été dressées sur l'éminence à laquelle le marabout est adossé ; beaucoup de négresses et de mauresques étaient venues, avec leurs enfants, y passer la nuit, apportant des provisions de bouche pour tout le jour suivant. Ces tentes étaient fermées par une draperie quelquefois déguenillée que les curieux français soulevaient sans façon : alors les femmes poussaient des cris de terreur plus ou moins feinte. De beaux *moutchatchous* (1) des deux sexes, aux grands yeux de velours, riaient, criaient, mangeaient, se battaient sous ces tentes et jusque dans les jambes des passants.

(1) Nom que l'on donne à Alger aux enfants indigènes.

La porte d'entrée du marabout se trouvant entr'ouverte, nous en passâmes bravement le seuil et nous nous trouvâmes dans une cour intérieure au milieu d'une trentaine d'Arabes qui jouaient à je ne sais quel jeu de hasard, et qui jetèrent sur les audacieux *roumis* (chrétiens) des regards courroucés. Un d'eux, cependant, vint nous tendre une espèce d'escarcelle, et les quelques sous que nous y jetâmes adoucirent beaucoup l'expression du visage des sectaires de Mohamed.

Le taureau du sacrifice, à qui l'on avait pris soin de faire une saignée avant de partir d'Alger, afin de le rendre plus facile à diriger au milieu de la foule bruyante, le taureau, dis-je, était attaché auprès du marabout ; affaibli par la perte de son sang, il semblait indifférent à tout le bruit qui se faisait autour de lui et paissait l'herbe tranquillement en attendant la mort. Des femmes venaient tour à tour faire toucher des mouchoirs au cou, aux bandelettes, aux draperies et aux cornes du taureau sacré ; de cet acte religieux dépendait pour elles la réussite de quelque entreprise, l'accomplissement de quelque souhait.

Le gouverneur, dont l'arrivée devait marquer l'heure de l'immolation, était en retard ; nous eûmes donc tout le temps de contempler le curieux spectacle que présentait la plage de Mustapha.

Une centaine de Mauresques, groupées en amphithéâtre sur l'extrême pointe de l'éminence, enveloppées dans leurs voiles blancs, comme des vestales antiques, se détachaient sur le ciel bleu et sur la mer aussi bleue que le ciel. Arabes, Maures, Nègres, Négresses, Espagnols, Anglais et Français, dans leurs costumes nationaux, circulaient autour de ce groupe immobile. Des cavaliers maures et arabes, drapés dans leurs bernous, des cavaliers français revêtus de leurs brillants uniformes, galopaient sur la grève, tandis qu'au milieu du cercle formé par les musiciens *négros* et par la foule des curieux, les danseurs se démenaient de plus en plus et semblaient vouloir rivaliser de folie fanatique avec les derviches tourneurs.

Une caravane de sept ou huit chameaux, conduits par des Arabes, vint à défiler lentement le long du bord de la mer, comme pour compléter ce tableau qui avait pour cadre, d'un côté les collines verdoyantes du Sahel, avec leurs blanches villas mauresques, de l'autre la mer dont les flots calmes étincelaient sous les rayons d'un soleil radieux.

Après une longue heure d'attente, on aperçut au loin, sur la route qui conduit d'Alger au Jardin d'essais (1), le gouverneur suivi de son brillant état-major et d'un détachement de spahis. Les musiciens et les danseurs coururent en hâte à sa rencontre avec une partie des curieux et l'escortèrent jusqu'à la tente d'honneur qui lui avait été préparée et où se trouvaient déjà réunies un certain nombre de jeunes et jolies femmes qui, par la position de leurs maris, avaient droit à cette distinction. Devant la tente flottait le grand drapeau tricolore que les nègres portaient en se rendant au marabout, et sur lequel étaient inscrits ces mots : HONNEUR AUX FRANÇAIS QUI ONT ABOLI L'ESCLAVAGE.

Aussitôt que le gouverneur et sa suite se furent assis, la grande négresse gravit l'éminence et vint se prosterner devant lui ; à ce moment je m'éloignai pour ne pas assister au spectacle de l'égorgement

(1) Jardin d'acclimatation.

du taureau. Une dame de ma connaissance, parmi celles que *leur grandeur attachait*, sinon *au rivage*, comme le grand roi, du moins à leur siège officiel, m'a raconté, tout émue encore, les révoltants détails du sacrifice dont les superstitieuses pratiques sont un reste du paganisme qui, chez les nègres, se confond souvent avec le mahométisme.

Quand le taureau fut amené au pied de l'éminence, en face de la tente du gouvernement, le grand sacrificateur le saisit par les cornes, le coucha brutalement par terre, et à l'aide d'un mauvais coutelas, lui *scia* le cou à moitié. On peut juger de la longueur de l'agonie du pauvre animal qui se débattait convulsivement contre la souffrance et la mort.

Parmi les fidèles, les uns plongeaient leurs doigts dans la plaie béante, les autres trempaient des mouchoirs dans le sang qui ruisselait à flots sur le sable, épiant les convulsions de l'animal pour en tirer des augures favorables ou défavorables, selon que le taureau, en se débattant roulait du côté de la mer ou du côté de la terre.

Après ce premier sacrifice est venu celui d'une douzaine de poulets auxquels on

a, comme au taureau, coupé le cou à demi
seulement, et qu'on a jetés en l'air pour
tirer des présages de leur vol expirant.

L'office d'égorgeur terminé, le grand
sacrificateur s'est mis en devoir de faire la
quête parmi l'assistance. A ce moment,
j'avais repris ma place au premier rang
des spectateurs les plus rapprochés de la
tente du gouverneur ; j'ai pu voir ce hideux boucher, les mains rouges de sang,
se prosterner à deux genoux, toucher la
terre de son front et présenter son tablier
ensanglanté au gouverneur et à son noble
entourage.

Le dégoût était peint sur le visage de
chacun, et je suis persuadée que plus d'une
des dames, témoins de ces scènes barbares,
regrettait dans son cœur de les sanctionner
par sa présence.

Le quêteur a circulé ensuite au milieu
de tous les groupes ; je l'ai suivi quelque
temps, et j'ai vu un grand nombre de ses
coreligionnaires s'empresser de déposer
leur offrande dans le repoussant tablier.
Déjà, durant les huit jours qui avaient
précédé la fête, les nègres étaient allés
porter aux grandes négresses des sommes plus ou moins fortes, non pas en pro-

portion de leur aisance, mais en proportion de leur vanité superstitieuse ou de leur foi fanatique. Ma négresse Zora, à qui j'ai dû avancer un mois de ses gages pour la mettre à même de retirer du mont-de-piété les vêtements qu'elle portait en ce jour, avait donné dix francs pour la célébration de cette fête.

Le taureau fut dépouillé, les volailles plumées, et le tout dépecé, bouillit bientôt dans une immense chaudière, sous laquelle on entretint un feu ardent ; la viande cuite devait être distribuée à la fin de la journée aux plus pauvres familles des nègres et des maures qui se pressaient en foule autour du marabout. Cette sorte de communion, qui est le dernier acte de cette triste parodie religieuse, permet de supposer que la fête en l'honneur de Sidi-Bélal, avait, lorsqu'elle fut instituée, un caractère et un but charitables que ceux qui la célèbrent ne comprennent plus aujourd'hui.

Tandis que les viandes bouillaient en plein air, les danses ont recommencé et ont continué encore plusieurs heures ; une des grandes négresses a pris part à cet exercice avec frénésie, et les mauresques ont fait de plus belle retentir l'air de leurs *you, you,* mille fois répétés. Cette femme, dont le corps était trempé de sueur, s'est tout à coup mise à courir vers le bord de la mer et s'est jetée dans les flots avec **deux** des danseurs moricauds. Une foule compacte les avait suivis et semblait attacher une grande importance à cette espèce de bain purificateur.

Les trois baigneurs se sont livrés, durant une demi-heure, aux exercices nautiques les plus échevelés, battant l'eau de leurs bras noirs, sautant, se poursuivant, dansant en rond et, tout ruisselants d'eau, sont venus reprendre leurs danses fanatiques. Cette scène avait quelque chose d'effroyable ; on sentait que ces êtres, ainsi surexcités, n'avaient plus rien d'humain. Que serait-ce si le prudent Mohamed n'eût interdit l'usage du vin à ses sectateurs !

La distribution des viandes s'est faite un peu avant le coucher du soleil, et quand nous avons quitté la plage, la population nègre pliait ses tentes pour rentrer en ville.

Cette fête, dont l'ensemble est certainement propre à piquer la curiosité, porte un tel cachet de barbarie, qu'il est bien désirable de la voir disparaître des mœurs

algériennes. Pour cela, il faudrait que
l'instruction pénétrât chez les masses indigènes et triomphât de la funeste influence
des marabouts, qui entretiennent à leur
profit la superstition de leurs coreligionnaires.

Là est la difficulté ! Les exploiteurs des
peuples sauvages ou barbares sont les ennemis jurés de leur développement intel-
lectuel, et, du reste, chacun le sait, rien
n'est plus difficile à détruire que les abus
qui ont pour point d'appui le sentiment
religieux excité par la superstition.

LES NOCES

DE LA

PRINCESSE MUSTAPHA

————

Nous avons eu la bonne chance, mes amies anglaises et moi, d'être invitées, avec un certain nombre de dames de la société française, aux noces d'une belle jeune fille de la plus haute noblesse indigène.

Son père, descendant direct, dit-on, de la famille du Prophète, était un des chefs les plus influents et des plus riches du pays.

A peu près ruiné par la conquête, comme tant d'autres, il reçoit une pension que lui fait le gouvernement français, auquel il s'est définitivement rallié.

Dépossédé de sa splendide villa mauresque, située au flanc d'une des collines verdoyantes du Sahel qui domine le fond de la baie, dans une position féerique, le prince Mustapha vit maintenant, avec sa famille, dans une modeste maison, tout au haut de la ville maure, non loin de la Casbah.

C'est là que nous avons dû nous rendre pour assister aux fêtes nuptiales qu'on nous avait dit devoir être d'une grande splendeur.

Avant de décrire ces fêtes dont j'ai l'esprit tout rempli, il me semble utile de dire un mot sur la façon dont se contractent les mariages chez les fils d'Allah.

Vous savez déjà que la femme musulmane ne sort jamais que voilée pour faire quelques rares visites à ses amies, aller au bain, à la mosquée et aux fêtes des mariages. Dans ses sorties, elle est toujours accompagnée d'une vieille femme, son esclave, sa servante ou sa nourrice.

Aucun homme, sauf son père et son mari, ne pénètre dans les appartements qui lui sont réservés et où elle vit en recluse.

Lorsqu'une jeune fille arrive à l'âge d'être mariée, son père en dispose comme il disposerait de son cheval. Il la donne généralement au prétendant qui lui en offre le meilleur prix à titre de dot. De cette dot la jeune fille ne reçoit que les bijoux et les objets de toilette, le père garde pour lui les douros.

L'*affaire* conclue, le père avertit sa femme qu'il vient de fiancer sa fille. La mère informe celle-ci de la grande nouvelle et l'on se met en devoir de faire les préparatifs de la fête des noces.

Dans l'intervalle de ces préparatifs, le père et le futur époux vont devant le *cadi*, officier civil chez les musulmans. Les conditions de la *vente* (comment appeler autrement ce contrat ?) sont de nouveau longuement débattues de part et d'autre et enfin écrites par le cadi.

C'en est fait ! la jeune fille est enchaînée de par la volonté paternelle à un homme qu'elle n'a jamais vu, qui lui-même ne la connaît pas, et que la loi de Mohamed lui donne pour MAITRE ABSOLU.

Dieu merci ! dans notre France africaine, le mari ne dispose plus de la vie de sa femme et de ses enfants comme il en dispose dans tous les pays régis par le *coran* (code religieux et civil des mahométans). En fait de meurtre, de vol et de tout délit dit de droit commun, l'Indigène, comme l'Européen, est soumis aux lois de la métropole.

Mais revenons aux noces de la princesse, auxquelles nous dûmes nous rendre par la route excellente, mais très escarpée, qui contourne la ville et longe extérieurement les fortifications.

Notre habitation était distante d'environ trois kilomètres d'Alger, nous avions pris une voiture qu'il nous fallut quitter en atteignant, à peu de distance de la Casbah, la vieille porte d'Alger qui regarde le fort l'Empereur et a nom aujourd'hui *Porte du Sahel.* Là nous mîmes pied à terre, nul véhicule ne pouvant gravir les rues étroites et abruptes qu'il nous restait à parcourir.

Il faisait nuit close, l'endroit était complètement désert...,. et, qui pis est, de sinistre mémoire !...

Le sol que nous foulions était celui de l'esplanade consacrée aux exécutions. La porte dont nous allions franchir la voute sombre, sans trop savoir comment nous nous dirigerions seules dans ce dédale de rues inconnues, était celle au-dessus de laquelle on exposait du temps des deys les têtes des suppliciés.

En ce moment, la pensée des fêtes qui

nous attendaient fit place aux plus sombres
souvenirs. C'était là, sur ces crénaux, témoins muets de tant de sang versé, qu'en
1830, nos braves soldats, pénétrant dans
Alger par cette porte, virent exposées les
têtes de nos infortunés compatriotes, les
marins de la *Sémillante* et du *Sylène*, que
la tempête avait jetés à la côte et qui furent
massacrés par les Kabyles des Issers.

Un strident coup de sifflet, partit je ne
sais d'où, nous faisait hésiter à franchir le
seuil de la porte maudite, lorsqu'un mauré
muni d'une lanterne aux vives couleurs,
apparût devant nous. C'était un guide qui
nous était envoyé : nous le suivîmes.

Quelles rues on rencontre dans le voisinage de la Casbah ! De plus en plus
abruptes, de plus en plus étroites, ces rues
semblent des chemins de ronde faits pour
défendre l'entrée de la forteresse. Quelques
rares portes basses, quelques fenêtres gar-
nies de barreaux de fer disent seules de
temps à autre que ces murailles silencieuses
renferment et cachent l'habitation mauresque, avec ses arcades gracieusement dé-
coupées, ses colonnes torses en marbre
blanc et ses fontaines jaillissantes qui entretiennent une douce fraîcheur.

A mesure que nous avancions nous re-
marquions une animation toujours croissante ; Mozabites, Arabes, Maures, Kabyles nous coudoyaient. Des femmes,
enveloppées de longs voiles blancs, glis-
saient comme des fantômes à nos côtés ;
nous marchions toujours précédées de
notre guide et personne ne semblait faire
attention à nous.

C'est un des côtés les plus remarquables
du caractère mahométan que d'affecter une
complète indifférence pour les choses exté-
rieures et de paraître impassible en toute
occasion.

Enfin, une petite porte ogivale, qu'éclai-
rait une lanterne mauresque, nous appa-
rut. Nous touchions au seuil de la demeure
du prince Mustapha.

Notre conducteur, jusqu'à ce moment
silencieux comme un muet du sérail, nous
désigne la porte du doigt en nous disant :
« Là ! là ! *sidi* (seigneur) Mustapha, » et
disparaît au milieu d'un groupe bariolé.
Nous franchissons le vestibule, nous sou-
levons une draperie et nous sommes
éblouies par un flot de lumières ! Nous entrions dans la cour intérieure qu'éclai-
raient magnifiquement, à la mode fran-

çaise, de nombreuses bougies supportées par des lustres en cristal. Les cours des maisons mauresques, on le sait, forment un quadrilatère à ciel ouvert, entouré d'arcades et de galeries.

Aux quatre angles de la galerie supérieure étaient appendus des faisceaux de drapeaux musulmans, en étoffe de soie rayée et brochée comme celle des housses d'honneur qui recouvrent la croupe des chevaux des chefs arabes, dans les grands jours de fantazia.

Le sol était couvert de tapis et le pourtour garni de banquettes sur lesquelles se pressaient des femmes et de ravissants enfants en habits de fête.

Au milieu de la cour un groupe de musiciennes et de danseuses alternaient leurs divertissements. Deux d'entre elles étaient coiffées d'une sorte de hennin en filigrane d'argent, qui leur donnait l'air d'antiques magiciennes. Elles psalmodiaient d'une voix lente et criarde, sur un rythme monotone, en s'accompagnant du tambour de basque et de la mandoline, des chants arabes qui semblaient charmer les assistantes et cadençaient leurs mouvements sur ce rythme.

La danse mauresque est une sorte de piétinement, de dandinement et de balancement sur place.

Lassées bientôt de ce concert et de ces danses, nous gravissons l'escalier qui conduit à la galerie et aux appartements supérieurs. Là, se présente très gracieusement à nous une amie de la princesse, Mlle X..., jeune juive, qui, parlant facilement le français, avait été priée par le prince Mustapha de faire les honneurs de la soirée aux nombreuses invitées de notre nation et aux étrangères de distinction qui se trouvaient à Alger.

Mlle X... nous apprend que le *marié* a, selon l'usage, réuni chez lui ses amis pour festoyer en attendant l'heure où il sera admis à pénétrer dans la demeure de l'épousée ; que déjà deux fois il s'est présenté, mais que la toilette de la belle fiancée n'étant pas terminée il devait attendre.

Au moment où nous recevions cette communication, il restait encore une joue et un sourcil à peindre !

Vous riez... Peindre les joues d'une jeune fille de vingt ans, cela vous étonne ? Mais c'est la stricte vérité !

Les galeries sont encombrées de femmes

françaises, anglaises et allemandes qui s'arrêtent curieusement à l'entrée de chacune des chambres ouvrant sur ces galeries.

Les draperies qui, dans les habitations mauresques remplacent les portes intérieures de nos appartements, sont soulevées : là nous voyons une vingtaine de jeunes femmes vêtues avec un luxe inouï, éclatantes de fraîcheur et nonchalamment assises sur des coussins. Elles ont devant elles une table basse ou plutôt un large plateau couvert de mets variés : du couscoussou traditionnel, de gâteaux au miel et à la graisse de mouton, mets très estimés des indigènes, exécrables pour un palais français ; de confitures de fleurs d'oranger d'une saveur délicieuse, de dattes, etc., etc.

Quelques-unes des jeunes femmes mangent d'un très bon appétit ; mais le plus grand nombre paraît préférer la conversation aux friandises.

C'est un babil incessant, un entrecroisement de voix douces et presque harmonieuses, d'éclats de rire d'enfants, ou plutôt de jeunes novices en récréation.

On dirait que ces pauvres femmes ont

hâte d'amasser des souvenirs, de récolter des petits faits, d'échanger entre elles des confidences dont elles vivront au retour de la fête, jusqu'au jour où une nouvelle cérémonie leur permettra de sortir de leur réclusion.

Les femmes mauresques ont, avant tout, le goût des choses futiles. Briller aux jours de fêtes est le plus grand des bonheurs pour elles, tant qu'elles sont jeunes, car une fois l'âge mûr arrivé, la mauresque ne se pare plus : un foulard noir entoure son front ; le pantalon et la veste de couleur sombre remplacent les vêtements aux couleurs voyantes. Une mauresque est vieille à quarante ans ; elle ne compte plus. C'est moins qu'une femme, c'est un peu plus qu'un meuble.

La chambre voisine est remplie de femmes âgées ; la plupart étendues sur des nattes dorment en attendant l'heure où la mariée apparaîtra.

Celles qui veillent, accroupies sur des coussins, échangent de temps à autre quelques mots ; leur visage est sans expression ; on sent que la pensée, faute d'aliment, faute de culture, s'est éteinte petit à petit.

Des patisseries, des sorbets, des sirops

portés sur des plateaux par des négresses
sont offerts aux invitées, tout à fait selon
les usages de France.

La foule est si compacte dans les galeries qu'on peut à peine circuler. Je tré-
buche dans une chose qui me fait obstacle :
j'entends une sorte de grognement.....
C'est une négresse qui s'était endormie
dans un coin, à l'angle de deux galeries.....
et que je viens de réveiller brusquement.
Je veux lui faire des excuses, elle soulève
la tête, me regarde d'un air hébété, se recouche et reprend son somme. Le flot
m'entraîne vers l'appartement de la princesse ouvert à toutes les visiteuses jusqu'au
moment où le fiancé devra y être introduit
pour la cérémonie du mariage.

Cet appartement est vraiment une curiosité. Tout y est somptueux, mais sans
harmonie. Les meubles français, de plus en
plus à la mode chez les Maures d'un rang
élevés, ralliés à la France, y coudoient les
meubles arabes. Le canapé remplace le
divan traditionnel ; à côté d'un coffre de
bois de cèdre, incrusté d'arabesques d'argent ciselé, se voit une commode en aca-
jou beaucoup plus prosaïque, mais en réalité bien plus *commode* (ainsi que le nom

l'indique), pour serrer vêtements et bijoux. Des draperies, en étoffe de soie rose brochée d'or, ornent en manière de trophées les angles de l'appartement; de belles glaces de Venise réfléchissent la lumière des bougies portées par de nombreux lustres en cristal.

Un grand mouvement qui se produit au rez-de-chaussée attire notre attention.

Le fiancé, averti que la toilette de la princesse est terminée, vient de frapper à la porte.

A ce bruit, toutes les femmes musulmanes disparaissent comme par enchantement, derrière les portières.

Les invitées françaises et étrangères descendent en hâte se ranger autour de la cour.

La porte s'ouvre, le fiancé, dans un splendide costume maure qui rehausse la beauté de ses traits et en fait vraiment à nos yeux un héros des romans orientaux, passe devant nous, s'incline comme c'est l'usage, en appuyant la main droite sur la poitrine et s'enfonce rapidement dans la pénombre de l'escalier. Un moment nous le voyons en pleine lumière, à la galerie supérieure qu'il traverse pour ne plus reparaître.

Alors la portière qui ferme la chambre
où s'abillait la princesse, est soulevée toute
entière et le plus fantastique des cortèges
se met en marche.

Des négresses s'avancent, portant des
flambaux à plusieurs branches; puis viennent les musiciens avec les chanteuses qui
psalmodient une de leurs cantilènes.

La mère de la belle épousée suit avec
les plus proches parentes. Derrière ce
groupe, la fiancée apparaît entourée de ses
jeunes amies, parmi lesquelles nous re-
connaissons plusieurs des charmantes mauresques qui babillaient tout à l'heure si
gentiment.

Les jeunes filles se distinguent à leurs
longues tresses ornées de rubans et de séquins tombant sur leurs épaules, et à leur
chéchia (sorte de bonnet grec) en velours
rouge couverte de séquins.

Vrai! c'est un rêve des *Mille et une
nuits* que cette apparition !

La mariée porte un large pantalon de
brocard rouge et or ; sa veste courte, en
velours cramoisi, rehaussé d'or, couvre à
peine, sur sa poitrine, la chemise de tulle
que retient une large ceinture à franges
d'or et dont les manches flottantes lais-

sent voir ses beaux bras chargés de bracelets ; de larges entraves · de métal pré- .
cieux ornent ses jambes ; ses pieds sont
chaussés de babouches'brodées d'or. Aux
nombreux boutons de sa veste sont sus-
pendus des colliers de perles, de pierreries,
d'ambre et de corail qui s'étagent sur sa
poitrine depuis le cou jusqu'à la ceinture.
Sur sa tête, un diadème, que surmontent
une aigrette et une multitude de fleurs en
diamants et autres pierreries, étincelle de
mille feux.

La princesse est grande. On nous dit
qu'elle est fort belle, mais comment constater la beauté de ses traits sous les divers
tatouages qui ornent, je devrais ·dire qui
défigurent son visage ?

Imaginez deux sourcils démesurément
élargis par une peinture du plus beau noir
et reliés ensemble au-dessus du nez par
une bande d'or ; des joues constellées,
ainsi que le front, de myriades de petites
étoiles d'or.

Les grands yeux de gazelle et la bouche
un peu forte comme celle de toutes les
femmes de ce pays sont d'un dessin très
pur.

Aux longs cheveux d'un noir de jais,

qui vont tout à l'heure tomber sous les ci-
seaux des matrones, s'enlacent des rubans
de couleur, des perles et des fils d'or.

Le cortège monte lentement l'escalier;
nous le suivons.

Arrivée à la porte de la chambre où
l'attend son futur époux, la fiancée verse
de l'eau de fleurs d'oranger dans la main
de celui-ci qui, après, en verse à son tour
dans celle de l'épousée, tandis qu'une des
matrones, femme revêtue d'un caractère
religieux, sorte de prêtresse, murmure
quelques paroles sacrées et coupe les belles
tresses de la mariée qu'elle donnera plus
tard aux jeunes filles pour se les partager.

Durant cette cérémonie, le cortège re-
descend au son des instruments.

Les sorbets, les pâtisseries, le café circulent de nouveau ; les danses, les chants,
les parties de causeries recommencent et
vont se poursuivre jusqu'à ce que, pris de
fatigue, femmes et enfants s'endorment sur
les tapis ou les divans.

Il était plus de minuit ! Nous prîmes
congé de la gracieuse maîtresse des cérémonies qui nous fit reconduire comme nous
étions venues par un maure muni de sa
petite lanterne.

5

« La fête, nous dit, en nous quittant, la jeune juive, doit durer quatre jours. S'il vous plaît de revenir, vous le pouvez, sans la moindre indiscrétion.

« Toute cette foule que vous avez vue ne retournera chez elle qu'après les fêtes. Femmes et enfants, maîtresses et servantes, quand elles auront sommeil, dormiront tout habillées sur des nattes, mangeront quand elles auront faim, écouteront chanter, regarderont danser, selon leur bon plaisir, durant ces quatre jours et ces quatre nuits, et s'en retourneront ensuite, persuadées qu'elles ont joui d'un immense plaisir. »

Pauvres femmes, disions-nous, mes amies et moi, tandis que notre cocher, qui nous avait fidèlement attendues, nous ramenait grand train vers notre demeure ; pauvres femmes ! ces fêtes sont les seules distractions de leur vie si tristement monotone. C'est du mouvement, c'est un peu d'activité d'esprit ! il est facile de comprendre qu'elles y donnent toutes leurs facultés et qu'elles en rêvent sans cesse de nouvelles.

Toute instruction manque complètement à ces femmes qui, certes, sont doués d'intelligence. Il est triste de voir de près ces âmes endormies qui ne demanderaient qu'à s'épanouir comme les nôtres au chaud soleil d'une instruction normale, si les préjugés de race et de religion n'y mettaient obstacle.

Quelques jours après ces noces, nous allâmes faire visite à la princesse Mustapha. La jeune juive, qui nous avait reçues aux fêtes du mariage, voulut bien nous présenter et nous servir d'interprète, car la princesse savait encore moins le français que nous l'arabe.

Nous fûmes introduites dans la chambre de la belle jeune femme par une négresse aux allures familières, qui nous sembla devoir remplir, auprès de sa maîtresse, le rôle de la nourrice ou de la confidente dans le Gynécée des anciens.

Debout et immobile à l'entrée de la chambre, sous l'arcade mauresque et dans la pleine lumière, cette femme, au corps d'ébène, aux vêtements bariolés, nous transportait en plein Orient.

La princesse vint à nous avec la grâce qui caractérise généralement la femme mauresque. Elle nous tendit la main en nous disant d'une voix des plus harmonieuses : *slama !* slama ! (salut). Puis elle nous fit asseoir auprès d'elle sur le canapé.

Pendant qu'elle causait à l'aide de la jeune juive avec Miss B..., j'eus le temps de la contempler tout à mon aise.

Elle peut, à bon droit, passer pour une beauté, et elle serait certes fort remarquée dans un salon de Paris. Elle est grande, bien faite ; ses bras et ses mains, dont les attaches fines dénotent une origine aristocratique, sont admirables ; son teint peut rivaliser avec les plus fraîches roses du Bengale ; ses grands yeux noirs veloutés, qu'agrandit encore le cercle de coheul qui teint les paupières, ont à la fois une expression de douceur enfantine et de fierté de race. Hors cela, nulle animation dans le regard ; on sent que, sous ce front large et blanc, la pensée n'a pas été développée. Son nez, semi aquilin, est d'une belle forme, mais sa bouche et tout le bas du visage sont lourds et manquent de distinction : c'est du reste le cachet des races indigènes d'Algérie, comme de toutes les races où la culture intellectuelle fait défaut. Ses lèvres de corail, en s'entrouvant, laissent voir des dents colorées d'une façon fort désagréable par le béthel, mais, ce qui serait une laideur chez nous est une beauté chez les femmes musulmanes.

Rien de plus élégant que la toilette de la princesse. Elle se compose d'un vêtement complet de cachemire bleu de ciel ; la ceinture, qui retient le large pantalon, est garnie de longues franges d'argent ; la veste est rehaussée de fines arabesques brodées en argent.

Sa tête est ornée d'un diadème de pierreries, surmonté d'une aigrette de diamants, qui jettent mille feux au moindre de ses mouvements.

Je ne me lassais pas de contempler cette belle créature.

Elle se leva, traversa la chambre d'un pas lent et majestueux, alla prendre, sur une étagère mauresque, un plateau de fabrique arabe richement ciselé, sur lequel était posée une coupe contenant de la conserve de fleurs d'oranger.

Elle en offrit à chacune de nous dans la même cuillère d'argent guilloché.

J'avoue que ces confitures, vraiment délicieuses, m'eussent semblé meilleures encore, dégagées de cet excès de communisme.

Durant la causerie, empreinte d'une

grande monotonie, comme toutes celles échangées à l'aide d'un truchmen entre personnes à tous les points de vue étrangères les unes aux autres, la négresse apporta sur une petite table en marquetterie, dont les pieds n'avaient pas plus de deux centimètres de haut, le café, cet excellent café arabe, que l'on sert dans des tasses de porcelaine enchâssés dans une sorte de coquetier en cuivre ciselé, de vraie fabrique arabe, et par cela même fort curieux.

Ces tasses, dont se servent les indigènes, et qui se nomment *fendjal*, en arabe, n'ayant pas d'anse, on courrait risque de se brûler les doigts, sans ce porte-tasse qui les isole.

Pour nous faire honneur, la princesse nous versa elle-même le café, après avoir préalablement mis, avec le sucre au fond de la tasse, une parcelle d'ambre, *nec plus ultra* de la politesse maure.

Le mélange des deux arômes est, à mon goût atrocement désagréable.

Tandis que nous prenions le café, la négresse s'assit sur le tapis, près de nous, et, la tête appuyée sur sa main, attendit que sa maîtresse lui fit signe de remporter le service.

Il y avait dans cette familiarité de la
noire servante quelque chose de bien
étrange pour des françaises, et pourtant,
cela se comprend, lorsqu'on songe que parmi les arabes et les maures, plus le rang
des femmes est élevé, plus le poids de la
réclusion devient pesant, et plus elles ont
besoin que les femmes attachées à leur personne donnent par leur babil et les nou
velles apportées du dehors un peu de dis-
traction à une vie sans idéal.

Quelques instants après, nous prîmes
congé de la belle épouse de Sidi-Hassan et
de notre aimable cicérone que nous lais-
sâmes auprès d'elle.

FÊTE NÈGRE

ET LÉGENDES

Grâce à notre servante Zora, nous
avons appris que les nègres allaient célébrer, durant trois jours, des fêtes en l'honneur de la naissance du bon Dieu.

— Quel bon Dieu, lui dis-je?

— Eh! maîtresse, me répondit-elle, le
bon Dieu petit enfant de *mama Meriem*
(maman Marie). Grande, grande fête à
nous! Nous, beaucoup donner aux pauvres
à cause du petit bon Dieu qui aime bien
nous pour ça!

Je conclus de cette explication que Zora,
dont le cerveau a de la peine à suivre un
raisonnement, pourrait bien confondre la
naissance du petit bon Dieu Jésus, avec

celle du prophète Mohamed qui doit se
célébrer entre les mois de septembre et de
novembre.

Cette confusion est d'autant plus aisée à
se produire parmi les populations igno-
rantes, que les musulmans honorent Moïse
et Jésus-Christ, comme ils honorent Mohamed, tous trois étant pour eux des pro-
phètes envoyés de Dieu. S'ils ont plus de
vénération pour le dernier, c'est parce qu'il
est leur intercesseur direct auprès de Dieu
et le fondateur de leur religion. Ils vénèrent
aussi *Mériem* (Marie) mère du Christ,
Abraham, Jacob, Joseph, et autres person-
nages de la Bible.

Pour célébrer la Noël, les nègres d'Algérie se cotisent afin de fournir, chacun selon
leurs moyens, l'argent nécessaire à l'achat
du bœuf, des moutons, chèvres et poulets
qu'on sacrifie pour le couscousson qui est
servi, durant les fêtes, aux nègres indi-
gents.

A ce sujet, Zora me disait : « C'est pour
l'amour du bon Dieu naissant que nègros
font ces aumônes. Quand tu donnes à moi,
pauvre négresse, c'est pas à moi que tu
donnes, c'est au bon Dieu. »

Nous avons eu plus d'une occasion de

constater que la charité est une des premières vertus des musulmans. Elle leur est enseignée par le Coran. Tous la pratiquent religieusement. Une de leur maxime est celle-ci : *Le prophète et, comme lui, tous les amis de Dieu ont été les amis des pauvres.*

Zora est un type vraiment curieux, oublieuse comme une linotte, capricieuse comme un enfant gâté, paresseuse comme une négresse qu'elle est, mais avec tous ses défauts, je ne l'échangerais pas pour une servante française ou espagnole *Algérianisée.* Dans ses bons moments elle est si douce, si gaie, si originale, elle raconte d'une façon si pittoresque une foule de petits faits, que mon fils et moi nous nous plaisons à l'écouter. Nous apprenons par elle, sur les indigènes, des choses vraiment intéressantes qu'ignorent la plus grande partie de nos compatriotes fixés depuis des années à Alger.

La veille de la fête elle m'est arrivée d'assez mauvaise humeur, sans avoir pris son café, parce que, dès le matin, elle s'était fâchée avec son mari. Il n'avait pas voulu lui acheter de quoi se teindre les mains et les sourcils!!!

Je me gardai bien de donner tort au
mari, pauvre *biskri* (porte-faix) maladif
qui doit avoir bien de la peine à satis-
faire tous les caprices de sa coquette
épouse. Je lui permis de prendre une tasse
de café, ce qui la remit de belle humeur.
Elle me promit de n'être plus jamais mé-
chante pour son mari : promesse d'enfant
qui s'envolera devant le premier oripeau
objet de sa convoitise.

Je lui crois de la probité, chose assez
rare. Dès qu'elle arrive du marché, il faut
écrire sa dépense, tant elle a peur d'une
erreur.

Elle prétend qu'elle a la langue *trop
lourde* pour parler le français et que sa
tête *elle tourne quand elle a trop de
choses dedans.*

Zora mourait d'envie d'aller à ces fêtes
et de me tirer quelques pièces d'argent afin
de donner une plus grosse obole aux pauvres. Elle ne tarissait pas de compliments.
« Toi bonne maîtresse, toi bon maître,
« sidi Paul! toi pas *grogner* Zora; toi
« pas méchant, jamais, jamais, etc. »
Quand elle eut obtenu la permission et l'argent qu'elle souhaitait, sa joie n'eût pas de
bornes. Elle sautait, dansait, se mettait à

genoux devant moi, me baisait la paume des mains, en répétant : « Zora bien heu- « reuse ! maîtresse bien bonne ! sidi Paul « venir voir fêtes avec toi, maîtresse, Zora « conduira toi, Zora bien belle demain ! » En effet, le lendemain elle m'arriva parée de tous ses atours.

Ne désirant pas traverser la ville sous son escorte, je lui donnai rendez-vous au bas de la rue Porte-Neuve ; j'avertis nos amis, et tous nous nous acheminâmes vers une maison où retentissaient les tam-tams. Zora nous fit pénétrer dans la cour inté- rieure et alla rejoindre ses coreligionaires.

Les femmes mauresques étaient montées dans les galeries supérieures où elles as- sistaient à la fête, derrière un grillage en bois qui leur permettait de voir sans être vues. Les hommes et quelques négresses en grande toilette, étaient rangés sous les arcades autour de la cour, dont le milieu restait vide. Les musiciens faisaient un charivari infernal avec leurs tam-tams, leurs tambours de basques et leurs cym- bales.

Comme nous entrions, une négresse de haute taille, enveloppée d'un grand châle blanc, qu'elle drapait avec une certaine grâce, autour d'elle, circulait, tenant dans ses mains un réchaud où brûlait de l'encens, tandis qu'un nègre, la tête couverte d'un foulard, se dandinait, piétinait et se secouait de la façon la plus grotesque.

Peu après, une négresse s'avance et commence les mêmes contorsions, puis un deuxième nègre, et les voilà tous s'agitant de plus en plus, gesticulant comme des possédés jusqu'à ce que la force leur manque. Alors une sorte de procession se fait autour de la cour, les danseurs, soutenus et encouragés par leurs amis, reprennent haleine. Lorsqu'ils sont un peu remis, ils recommencent à danser jusqu'à ce que la suffocation les reprennent. C'est effrayant, c'est à croire qu'ils vont expirer sur place. Une des négresses vient tomber sur un siège près de nous; elle ne respire qu'avec la plus grande difficulté. Elle a l'air hébétée et mourante.

De temps en temps, la négresse qui porte le réchaud d'encens le présente aux danseurs, qui en respirent la fumée et passent dessus leurs pieds et leurs mains. L'encens les enivre et excite leurs contorsions. C'est ce qui fait dire aux assistants que l'*Esprit* leur monte la tête.

Durant ces danses, les spectateurs jettent leurs offrandes sur un tapis étendu devant les joueurs de cymbales. Les pièces qui ne tombent pas sur le tapis appartiennent au *chaouch* (homme de peine chargé de nettoyer la maison.) Ledit chaouch a grand soin de s'en approprier le plus possible; il pousse du pied, sous le tapis, les pièces qui tombent au bord. Petite ruse de la pauvreté!

Des assistants nègres viennent se prosterner devant les danseurs qui leurs posent les mains sur le dos, le cou et la tête, puis leur donnent l'accolade. Les joueurs de cymbales font le simulacre de jeter des pièces de monnaie, se mettent à genoux et croisent leurs mains dans tous les sens sur le sol, c'est, paraît-il, pour appeler l'Esprit de la Terre.

Du haut des galeries, les femmes témoignent leur approbation par des cris semblables à ceux que poussent certains masques durant le carnaval, *you, you, you,* cris qui imitent parfaitement celui de la hyène quand elle est joyeuse.

Une femme espagnole en état d'ivresse voulut se mettre à danser ; ce fut parmi l'assemblée une indignation générale qui ne se calma qu'après qu'on eût chassé de l'enceinte cette profanatrice.

Zora nous a expliqué depuis, que nul ne peut prendre part aux danses ni aux autres pratiques religieuses de ces fêtes, sans s'y être préalablemeut préparé et avoir reçu de l'*Esprit* le don de l'invulnérabilité et celui de guérir les malades en leur imposant les mains ou en leur ordonnant des remèdes dictés par l'*Esprit*.

Ceux ou celles qui veulent obtenir ces dons vont, quarante jours avant les fêtes, trouver la *Grande Négresse*.

Celle-ci leur donne une eau où elle a fait mystérieusement infuser une pierre et un morceau de bois venus du Soudan, puis elle les renvoie chez eux avec ses instructions qu'ils devront suivre à la lettre sous peine de ne point obtenir ce qu'ils désirent.

D'abord ils boiront chaque jour, dans un vase neuf, quelques gouttes de l'eau merveilleuse ; puis resteront couchés, jusqu'à la veille de la fête, dans des draps neufs ; ne boiront et ne mangeront, dans des vases n'ayant jamais servi, que juste le nécessaire pour se soutenir et ne communiqueront, durant les quarante jours d'épreuves, qu'avec les personnes chargées de subvenir à leurs besoins.

Parmi ces pauvres idolâtres, s'il y a beaucoup d'appelés, il y a peu d'élus, le plus grand nombre ne pouvant poursuivre l'épreuve jusqu'au bout, parce que, dit Zora, l'ESPRIT *est trop lourd* (lisez *fort*) *pour eux*.

Les joueurs de tam-tams nous avaient laissé quelques instants de répit ; ils reprirent de plus belle lorsqu'ils virent entrer un négro, muni d'un paquet de grosses cordes et une négresse armée de deux coutelas. C'étaient deux *Invulnérables*.

Le négro se flagella à tour de bras et la négresse fit durant quelques minutes le simulacre de s'enfoncer, tout en dansant, les deux coutelas dans les flancs sans se blesser. Et la foule d'applaudir, prenant cette jonglerie au sérieux. Puisque le sang ne coulait pas il fallait bien qu'ils fussent tous deux invulnérables.

Pour nous, il demeure bien certain que tous les néophytes, pendant leurs quarante jours de réclusion, ne se bornent pas à boire de l'eau *sacrée*, à jeûner et à prier. La grande négresse ou ses affidés doivent enseigner, sous la foi du serment,

à ceux qui leur semblent les plus croyants
et les plus adroits, ces exercices de jon-
gleurs, si communs et bien plus extraor-
dinaires encore chez les peuples de l'In-
doustan, adorateurs de Bramah et de
Bouddha.

Fatigués du vacarme des instruments,
des danses et des jongleries que rendaient
plus hideuses les visages noirs, grimaçants
et convulsionnés des acteurs, nous quit-
tâmes la fête·

Notre dernier regard fût pour les négresses assises autour de la cour et qui,
par leurs toilettes ébouriffantes, jetaient
une note drôlatique au milieu de ces
scènes infernales. La plus étrange était
une négresse du Soudan de pure race :
cheveux crépus comme la laine d'un jeune
mouton, front bombé à l'excès, nez épaté,
au point de prendre à lui seul le tiers du
visage, bouche à l'avenant, lèvres épaisses
et démesurément avancées, joues rondes
et brillantes comme du marbre noir poli,
yeux en amandes à demi-clos, oreilles
d'une largeur et d'une longueur à rendre
jaloux un orang-outang ! Sur la tête, un
foulard rouge et jaune, et puis, je ne sais
plus quels oripeaux..., le tout enveloppé

d'un haïk en gaze bleue d'azur parsemée
d'étoiles d'argent. Ajoutez à cela des
gants, *de vrais gants blanc !* un mouchoir de mousseline brodée, un éventail
dont elle jouait en se donnant des grâces
à l'espagnole, et vous aurez le plus curieux
spécimen d'une négresse en toilette.

Jamais je n'oublierai l'effet de ce voile
d'azur, brillanté d'argent, entourant ce
visage noir, plus noir et plus laid que je
n'ai pu vous le peindre.

A ce propos, je me rappelle une légende
de Zora. Elle vaut la peine de vous être
contée.

Un jour que mon fils lui demandait si
elle n'aimerait pas mieux être blanche que
noire :

— Oh ! sidi Paul, lui répondit-elle, en
riant de son bon rire d'enfant, moi voudrais
bien être blanche.

— Pourquoi ?

— Parce que Négro pas si heureux que
blanc, mais bon Dieu pas vouloir.

— Pourquoi le bon Dieu ne veut-il
pas ?

— Parce que nous avoir pas arrivé
assez tôt à la fontaine.

— Quelle fontaine ?

— Ah ! sidi Paul, pas toi savoir ça ?

— Non.

— C'est drôle ! toi savant pas savoir !

Et elle de rire de tout cœur en répétant :

— Sidi Paul, savant, pas savoir pourquoi Zora noire ; pourquoi elle avoir rien qu'un peu de blanc sous pieds et dans mains ! — Et bien moi va dire ça à toi...

Elle nous conta la légende que voici.

Les enfants de Noé s'étant moqués de leur père, Dieu, pour les punir, les fit devenir noirs, de blancs qu'ils étaient. Touché du repentir des coupables, Dieu leur promit de rendre à leurs descendants leur primitive couleur s'ils méritaient cette faveur par leur bonne conduite. Le terme de l'épreuve arrivé, les hommes ayant été bien sages, Dieu fit couler, pendant quelque temps, une fontaine, dont l'eau devait opérer la métamorphose : mais les hommes étaient très nombreux et la source trèspetite.

Les premiers arrivants purent se plonger en entier dans l'onde regénératrice. Quand vinrent les derniers, l'eau était épuisée ; ils ne purent qu'humecter la plante de leurs pieds en marchant et la paume de leurs mains en se prosternant sur le sol humide.

— Et voilà pourquoi négros avoir du blanc sous les pieds et *kif-kif* (de même) dans les mains, ajouta Zora toujours riant.

Dans ce pays où tant de peuples divers de l'Orient et de l'Afrique ont, depuis des siècles apporté leurs cultes, leurs mœurs, leurs coutumes, les légendes abondent. Toutes ont un fond de vérité souvent bien difficile à démêler,

Les vieux manuscrits arabes fourmillent de ces légendes et d'apologues parfois fort remarquables. En voici un qui motive la défense que Mohamed fit à ses sectaires de l'usage du vin : « Lorsqu'Adam eut planté la vigne, Satan vint l'arroser avec le sang d'un paon. Lorsqu'elle poussa des feuilles, il l'arrosa du sang d'un singe. Lorsque les grappes parurent, il l'arrosa du sang d'un lion et lorsque le raisin fut mûr, il l'arrosa du sang d'un cochon. La vigne abreuvée du sang de ces quatre animaux, en a pris les différents caractères. Ainsi, aux premier verre de vin, le sang du buveur devient plus animé, sa vivacité plus grande, ses couleurs plus vermeilles ; dans cet état il a l'éclat d'un paon ; les fumées de cette liqueur commencent-elles à lui monter à la tête ? il est gai, il saute, il gambade comme le singe ; l'ivresse le saisit-elle ? il est un lion furieux ; est-elle à son comble ? semblable au quatrième animal, il tombe, se vautre, s'étend et s'endort. »

« Parmi les lois du prophète Mahomet, qui sont le plus en opposition avec les usages des nations de l'Occident, aucune ne l'est davantage que la prohibition du vin. Le précepte fut, dans le principe, donné dans le Coran, contre l'ivresse, ce qui n'avait pour but que de prévenir les excès ; mais cette précaution ayant été reconnue insuffisante, l'usage des liqueurs enivrantes fut, plus tard, formellement interdit.

« On peut faire remonter à une période très reculée de l'histoire de l'Arabie l'horreur pour le vin. Jérémie, qui vivait douze cents ans avant Mahomet, fait mention d'une famille arabe qui entra en Palestine avec les Israélites, et qui, même après une résidence de huit cents ans au moins dans ce pays, avait continué à se soumettre religieusement aux reccommandations de Jonadad, l'un de ses ancêtres : « De ne point bâtir de maisons, mais de demeurer dans des tentes ; de ne point semer, de ne point planter, de ne posséder aucune vigne et de ne point boire de vin. »

Ces coutumes des peuples et ces règlements des législateurs sont bien appropriés à l'Orient, « car, dit Montesquieu, dans les pays chauds, la partie aqueuse du sang se dissipant beaucoup par la transpiration, il y faut substituer un liquide pareil. L'eau y est d'un usage admirable, les liqueurs fortes y coaguleraient les globules de sang qui restent après la dissipation de la partie aqueuse. »

La loi du prophète Mahomet convient donc au climat de l'Arabie. D'ailleurs, l'ivresse, dans les pays méridionaux, ayant des conséquences beaucoup plus dangereuses que dans les climats du nord, le législateur a dû nécessairement la considérer sous un autre point de vue.

Les Orientaux racontent d'une manière fort singulière la découverte du vin. Ils disent que le premier qui imagina d'exprimer le jus de la vigne fut Gemchid, un des plus anciens rois de la Perse, mais que ce prince lui trouvant un goût acide le prit pour un poison. Cependant une de ses femmes àyant été guérie par cette liqueur d'un violent mal de tête, il commença à l'estimer davantage, et alors il lui donna le nom de *remède royal*, et pour faire allusion à l'impression première, il l'appela aussi *délicieux poison* (1).

---

(1) J. Barbier, *Itinéraire de l'Algérie.*

LA FEMME EN ALGÉRIE

———

Vous désirez savoir ce que je pense du caractère et de l'intelligence de la femme mahométane en Algérie. Je vous parlerai principalement de la Mauresque, parce que je la connais mieux que la femme arabe.

J'ai été admise dans l'intérieur de plusieurs familles mauresques. Je cultive même, comme étude, autant que je le puis, les relations qui m'ont été facilitées avec elles. Je n'ai vu la femme arabe qu'en passant.

6

A mon avis, on est généralement injuste dans le jugement qu'on porte sur la femme mauresque, parce qu'on ne la connaît pas. La vraie femme n'est pas et ne peut pas être révélée. Elle est, pour ainsi dire, à l'état latent. Il faut la science du cœur pour deviner et comprendre ce qu'elle sera le jour où elle se développera au souffle de la vie intellectuelle et morale.

Aujourd'hui son âme est engourdie dans la vie claustrale comme le chrysalide dans sa sombre enveloppe.

« La femme mauresque est paresseuse, futile, désordrée, légère. » Voilà ce que nous disent ceux qui ont fait son panégyrique. Quelle foi devons-nous ajouter à ce portrait moral ? Nous savons qu'il a été tracé par des narrateurs qui ne pouvaient juger les dames mauresques que d'après les récits des visiteuses se faisant présenter chez elles dans un but de pure curiosité futile.

L'âme et l'esprit de la plus riche mauresque ne sont guère plus développés que l'âme et l'esprit de la plus pauvre, toute instruction manquant à l'une et à l'autre. Et cependant, presque toutes ont de la distinction dans les manières, un son de voix très doux, une grande facilité pour apprendre, et beaucoup de charmes dans la façon de recevoir les personnes qui vont les voir.

J'ai eu tout récemment occasion de faire cette remarque dans une visite, qu'avec mes amies anglaises, j'ai faite à la famille d'un cadi.

Ces dames s'étaient parées de leurs plus beaux joyaux. Elles nous ont reçues avec une grâce remarquable, nous serrant la main à toutes et nous donnant le salut d'usage : slamah (bonjour) à l'arrivée; keudop slamah (au revoir) au départ.

Une demi-douzaine d'enfants de différents âges se pressaient autour d'elles, fixant sur nous, d'un air à la fois curieux et timide, leurs grands yeux de velours.

Nous nous sommes toutes assises sur des coussins pour prendre le café qui nous a été servi par la maîtresse de la maison. Par moment, ces charmantes femmes et leurs enfants accroupis dans diverses attitudes, causant avec animation, formaient un groupe digne du pinceau d'un grand artiste. Deux d'entre elles, en deuil d'une proche parente, ne portaient aucun bijou.

Les trois dames anglaises les occupaient

beaucoup. Les longs cheveux blonds dorés
de l'une d'elle, faisaient leur admiration ;
elles l'ont priée de dérouler ses belles
tresses pour les voir dans toute leur longueur et pour les toucher.

Une délicieuse petite fille de quatre à
cinq ans, tenant un mouchoir dans chaque
main, a dansé un pas maure en se balan-
çant mollement et arrondissant avec une
grâce vraiment ravissante ses jolis petits
bras potelés. Sa mère chantait d'une voix
douce et contenue un air plein de mélan-
colie, dont elle marquait la mesure en
frappant dans ses mains.

J'ai gardé de cette visite un ineffaçable
souvenir tout empreint de couleur locale.

Les mauresques sont mariées de onze
à quinze ans. Elles sont femmes au sortir
de l'enfance et, dans leur nouvel état, elles
apportent la légèreté, l'insouciance, l'inex-
périence de l'enfant. Les soins du ménage
exigent chez les mauresques si peu de
temps et si peu de capacité morale que
leur intelligence n'a pas grand effort à
faire pour les mettre à la hauteur du rôle
de maîtresse de maison, d'épouse et de
mère.

Quelques coussins épars sur une natte,

un lit, un coffre, où sont serrés tous leurs effets, un divan, des tapis, une étagère, voilà tout l'ameublement qu'elles ont à soigner. Un ou deux plats à couscoussou, un réchaud, quelques vases en terre cuite, voilà le matériel de la cuisine.

Si elles sont dans l'aisance, deux ou trois négresses suffisent et au-delà pour balayer, ranger, laver la maison, faire le marché, les commissions, les repas, voir même soigner les enfants qu'on ne soigne guère plus que nos enfants des campagnes.

Si elles sont peu aisées, elles n'ont qu'une servante, ou même pas du tout ; alors, les besoins semblent gradués sur l'échelle de la fortune ; ils s'accroissent ou diminuent selon le plus ou le moins d'aisance, mais le confort est toujours partout inconnu.

Les journées sont bien longues pour des femmes qui ne sortent guère que deux fois par semaine pour aller au bain et à la mosquée. Ces longues heures, il faut les dépenser. L'esprit est vide, les petits faits ne suffiraient pas à l'occuper si la toilette ne venait en aide à ses pauvres recluses. Faute de pouvoir orner leur âme, elles ornent leur corps. Chez elles, le culte de la matière atteint son apogée.

De là, ces longues heures dépensées devant un miroir ! En cela, disons-le sans méchanceté, bien des françaises sont mauresques.

Quelles que soient la monotonie et la tristesse de l'existence de la femme mauresque, habitante des villes, ce doit être un paradis comparée à la vie de la femme arabe, soit qu'elle habite un village formé de *gourbis*, soit qu'elle vive sous la tente du *douar* nomade.

Le Maure semble, en général, de mœurs plus douces que l'Arabe.

Si l'on en croit Jules Duval, c'est surtout chez les arabes nomades que le sort de la femme est le plus misérable.

Dans les campagnes, la femme travaille la terre, tisse la toile pour la tente, fait la récolte, mouds le blé entre les deux meules d'un moulin à bras, sans préjudice des soins des enfants et du ménage.

Le mari chasse, fait la *fantazzia*, fume ou devise la plupart du temps avec ses amis.

J'ai vu plus d'une de ces malheureuses femmes, chargées de lourds fardeaux, marchant courbées en deux dans la boue des chemins, tandis que le mari suivait tranquillement, monté sur une mule, ou à pied, drapé dans son burnous.

La femme musulmane est mineure toute sa vie.

De la domination du père elle passe sous celle du mari. Orpheline ou veuve, elle est soumise à la volonté de son frère ou de son plus proche parent mâle qui dispose d'elle à sa volonté comme aurait fait le père.

Chez les musulmans, en dépit du Coran, où Mohammed a posé des limites à l'autorité de l'homme sur la femme, quand il s'agit de celle-ci, *la raison du plus fort est toujours la meilleure.*

J'ai aujourd'hui à vous conter, à l'appui de cet axiome, une lamentable histoire dont je suis d'autant plus impressionnée que je connais les victimes de ce drame de famille.

Après la prise d'Alger, un des Bey du nom d'Hamed, que la conquête française avait dépossédé de son Beylik, vint se fixer dans une petite maison de campagne aux environs d'Alger, avec sa fille Fatma, alors âgée de quatre ou cinq ans, et un fils, l'aîné de quelques années seulement.

Devenu vieux, Hamed eut la fantaisie

de se remarier. Ayant appris que son ami Ali-Ben-Issou avait une sœur qu'on disait jolie, il la lui demanda en mariage. Ali-Ben-Issou fit d'abord quelques difficultés, puis consentit à la condition d'un échange.

— Si je te donne ma sœur, dit-il à Hamed, tu me donneras ta fille.

— Soit ! répondit Hamed.

Et les deux mariages eurent lieu, sans que ni l'une ni l'autre des jeunes filles fût consultée.

A quelque temps de là le vieil Hamed, d'un caractère âpre et changeant, se lassa de sa femme, et, sous un prétexte futile, la renvoya à son frère.

Cet affront rendit Ali furieux, et, bien qu'il fût encore très amoureux de la fille d'Hamed et qu'elle même se fût vivement attachée à son mari, il répudia sa femme à son tour et la renvoya chez son père.

Fatma, s'appuyant sur la loi, emmena sa petite fille encore au berceau. Les pères ne faisant aucun cas des filles, cette loi autorise les mères à les emmener avec elles en cas de divorce ; mais si elles se remarient, les filles rentrent sous la domination de leur père ou du plus proche parent de la branche paternelle.

Fatma adorait sa fille. Pour ne pas s'en séparer, elle vécut chez son vieux père dans la plus grande solitude, refusant plusieurs brillants mariages qui lui furent proposés.

Le vieil Hamed, asthmatique et souffreteux ne sortait guère et trouvait fort bon d'avoir près de lui sa fille pour le soigner et le servir, ce qui explique pourquoi il n'obligea pas Fatma à convoler à de nouvelles noces.

L'hiver dernier, lorsque je vis Fatma, sa fille avait onze ans. C'était une charmante enfant, sauvage, au regard doux et craintif. Déjà, ses traits portaient l'empreinte de tristesse que la réclusion et l'esclavage avaient gravée sur ceux de sa mère, à qui, du reste, elle ressemblait beaucoup.

Fatma et moi nous échangeâmes quelques paroles à l'aide du peu d'arabe que je savais et des quelques mots français qu'elle connaissait.

« — Je ne sors jamais, me disait avec un soupir la pauvre femme ! Oh ! nos négresses, nos servantes, sont plus heureuses que nous ! Elles ont la liberté d'aller où elles veulent ! Mais nous, il faut rester enfermées : une femme de notre rang ne doit sortir que pour aller au bain ou à la mosquée !... C'est bien triste ! »

Je vis aussi le vieil Hamed ! Ce jour-là il était fort souffrant de l'asthme qui l'emporta quelques mois après. C'était un beau vieillard ; sa barbe blanche qui tombait à flots sur sa poitrine m'aurait inspiré un profond respect si l'expression dure de son regard ne m'eût fait éprouver un sentiment de répulsion invincible. Ce regard me disait tout ce que sa fille devait souffrir de sa despotique autorité.

Du moins, s'il mourait, Fatma serait libre, me disais-je en reprenant la route d'Alger. Hélas ! j'ignorais alors les coutumes musulmanes.

Le frère de Fatma, à la mort de son père, fut investi de tous ses droits sur elle. Ce frère était un homme sans mœurs, ami du plaisir ; de plus, violent et avide. Il rendait sa sœur fort malheureuse et la laissait presque dans le besoin.

Quelques amies conseillaient à Fatma de retourner chez son mari qui lui avait toujours gardé de l'affection et qui ne demandait pas mieux que de la reprendre ; c'était l'unique moyen qu'elle eut d'échapper à la

domination de son frère. Pour son malheur,
Fatma était fière. Or, Ali-Ben-Issou, depuis sa séparation, avait pris pour femme
une négresse ; il l'aime et n'a pas voulu
consentir à la renvoyer, et Fatma n'ad-
met pas de partage, surtout avec une
négresse.

Il y a peu de temps, Mamoud, le frère
de Fatma, entra chez elle et lui dit sans
préambule de se préparer à se remarier le
soir même.

— Comment, s'écria-t-elle, me remarier ! et pourquoi ?

— Parce que cela me convient.

— Mais, je ne veux pas me remarier !

— Que m'importe ? Je le veux, moi, et
cela sera.

La pauvre Fatma implore son frère, se
jette à ses pieds, pleure, se lamente ; tout
est inutile ; il reste sourd à ses supplica-
tions : il devait toucher une bonne dot.

Fatma veut alors résister ouvertement,
elle se redresse forte de son amour maternel :

— Je ne me remarierai pas, dit-elle, je
veux garder ma fille !

Mamoud s'élance vers elle, la saisit violemment par les deux bras et la secouant
avec fureur :

— Si tu n'es pas mariée ce soir, j'étranglerai ta fille !

Et là-dessus il sortit.

L'infortunée Fatma savait son frère capable d'accomplir sa menace et elle ignorait que, si la loi française ne peut rien pour les femmes musulmanes contre la volonté de leurs maîtres, de par le Coran, elle sauvegarde la vie des citoyens, tout assassin étant passible de nos lois criminelles.

Dominée par la terreur, Fatma, se soumit. En quelques heures se firent les préparatifs de la cérémonie. La maison fut ornée selon la coutume du pays... et le lendemain, la pauvre Fatma était la femme d'un vieillard malingre et avare qu'elle n'avait jamais vu et qui la prenait pour le soigner, parce que, sans doute, elle ne lui coûtait pas trop cher.

De ce jour, la pauvre femme a perdu tout pouvoir sur la destinée de sa fille. Le père en dispose à son gré, et comme il n'a pu pardonner à Fatma de n'avoir pas voulu revenir avec lui, il a donné sa fille, la petite fille d'un Bey, en mariage à un cordonnier qui a près de soixante ans — l'enfant en a douze.

Fatma et sa fille sont dans les larmes, nulle prière n'a pu attendrir le cœur du père qui s'est vengé sur l'enfant de la résistance de la mère.

Il y a loin de là à cette parole du Prophète : « Tu ne frapperas jamais une femme, même avec une rose ! »

LA CHASSE EN ALGÉRIE

Les Arabes aiment passionnément la chasse. Ils possèdent de grands lévriers appelés *Slougui*, du nom du pays où, dit une légende, les premiers de ces lévriers reçurent le jour d'une louve et d'un chien.

Les *Slougui* sont spécialement destinés à forcer l'antilope *Bekeur-el-Ouach*, animal de la famille des ruminants, plus petit que le cerf et plus grand que la gazelle. Si agiles que soient ces lévriers, ils parviennent rarement à forcer la gazelle ; celle-ci échapperait même au plomb meurtrier de l'Arabe, si le Ciel l'avait dotée d'une meilleure mémoire.

Les gazelles, ces gracieuses habitantes du désert, au grand œil doux et naïf, au pied rapide comme le vent, marchent toujours en troupes. Les cavaliers s'aident fréquemment du faucon pour les mettre à mort ; cette chasse est la plus cruelle de toutes.

L'oiseau fond, du haut des airs, sur la tête de la gazelle, s'y cramponne à l'aide de ses serres et, à grands coups de bec, lui crève les yeux. Alors, l'infortunée, folle de douleur et incapable de se diriger, devient la proie de l'impitoyable chasseur.

Mais c'est d'ordinaire le plomb du *Moukalah* qui va frapper la gazelle que l'œil exercé de l'Arabe a choisie au milieu du troupeau sans défiance.

Effrayées par la détonation de l'arme à feu, qui vient de faire un vide dans leurs rangs, toutes les gazelles fuient rapidement, puis, au bout de quelques instants, elles se remettent paisiblement à brouter, comme si elles avaient complètement perdu le souvenir de leur premier effroi. Elles se laissent approcher de nouveau, à portée de fusil, et une seconde victime paie de sa vie l'imprudence générale. C'est ce qui fait dire aux Arabes des gens à courte mémoire : *Oublieux comme la gazelle.*

La chasse au lerouy exige beaucoup d'intrépidité et des jarrets solides.

Le lerouy, qui, pour la taille, tient le milieu entre la gazelle et l'antilope, est très difficile à atteindre. Il se tient dans les parties montagneuses les plus inaccessibles ; aussi les Arabes, qui l'appellent *tis-el-Djebel* (bouc des montagnes) doivent-ils, comme les hardis chasseurs de chamois des Alpes et des Pyrénées, braver mille dangers pour atteindre le lerouy, soit sur la pointe des rochers, soit au fond des précipices.

Cette chasse ne se fait jamais qu'à pied, parce qu'il est rare que le bouc des montagnes, qui court très mal, se laisse surprendre et attaquer en plaine.

De toutes les chasses, celle qui passionne le plus l'Arabe, c'est la chasse à l'autruche. Poursuivre pendant un jour entier, au galop effréné d'un rapide coursier, cette proie qui fuit sans perdre haleine et ne s'arrêtera que pour mourir, est un exer-

cice qui l'enivre. Il faut qu'il l'atteigne, il
faut qu'il soit vainqueur dans cette lutte de
vitesse ou que sa fidèle monture, à laquelle
il semble avoir communiqué son ardeur fébrile, tombe pour ne plus se relever.

L'autruche l'emporte de vitesse à la
course sur le plus ardent cheval arabe ;
elle peut franchir d'une haleine jusqu'à
cent soixante à deux cents kilomètres ;
mais quand elle a fourni cette carrière,
elle est ce qu'en terme de chasse on appelle forcée. En tombant, elle étend ses
ailes et les agite si violemment dans les
dernières convulsions de l'agonie que son
vainqueur peut payer cher sa victoire. On
a vu, plus d'une fois, le cheval effrayé,
emporter au loin son cavalier et dans ses
bonds furieux le désarçonner.

Généralement, c'est lorsque souffle le
vent du sud-est, *le siroco*, que la chasse à
l'autruche se fait dans les conditions les
plus favorables. Alors, cinq ou six cavaliers, bravant la chaleur du jour, montent à cheval, s'échelonnent de distance en
distance, pour former sans interruption des
relais qui ne devront laisser aucun répit à
l'autruche.

L'autruche, moins favorisée que les au-

tres bêtes de chasse, ne possède aucune de
leurs ruses. Elle n'a, pour échapper à ses
ennemis, que son extrême agilité ; elle
court toujours droit devant elle, comme si
on lui avait appris sur les bancs de l'école
que la ligne droite est la plus courte.

En Algérie, la chasse au sanglier se
pratique ainsi : au jour convenu, de grand
matin, une foule d'arabes armés de bâtons
couronnent les hauteurs et battent le terrain avec soin, pour débusquer les bêtes
de chasse. Puis ils se rapprochent petit à
petit de la plaine, en formant autour des
victimes une enceinte humaine dont le
cercle se rétrécit de plus en plus.

Quand la piste du sanglier est connue,
les arabes agitent leurs burnous dans la
direction prise par l'animal. Alors, cavaliers et chiens s'élancent à sa poursuite et
l'œuvre de destruction commence. Rien de
plus fantastique, de plus satanique même,
que le spectacle de cette multitude au teint
bronzé, aux burnous flottants, aux gestes
énergiques qui s'agite et se dessine sur
l'azur du ciel. Joignez à cela des cris sauvages, répercutés par des échos et mêlés
aux aboiements féroces des chiens, aux
hennissements des chevaux et à leur galop

furieux à travers les maquis, et vous aurez une faible idée de cette chasse vraiment pittoresque.

Quant à la chasse au lion, c'est autre chose !

Les arabes savent d'interminables et terrifiantes légendes sur ce roi du désert dont le rugissement, selon eux, se compose de sons formant les mots suivants : *Ahna ou ben el mera*, qui signifient : *Moi et le fils de la femme !* autrement dit : *Moi et l'homme !*

Pour l'Arabe, le lion est un être supérieur aux autres animaux, et il le croit doué d'une intelligence presque humaine.

Il paraît constant que le lion attaque rarement l'homme durant le jour, mais la nuit, bien fou qui se fierait à la légende, laquelle prétend que le lion sait reconnaître le lâche, *celui qui a peur*, du brave, *celui qui ne craint rien, pas même le lion*. Malheur au premier s'il se rencontre avec un lion ! Celui-ci, après l'avoir suivi de loin ; après être venu se placer en travers du sentier pour lui barrer le passage, après s'être fait un jeu de ces angoisses, comme le chat des terreurs de la souris, celui-ci, dis-je, l'étranglera enfin pour s'en repaître.

Mais s'il a affaire à un brave, dit encore l'Arabe, après quelques félines évolutions il s'éloignera lentement sans oser s'attaquer à pareil adversaire.

La légende dit qu'un voleur de profession n'a rien à redouter du lion, si en le rencontrant il a soin de crier :

« *Je suis un voleur comme toi, passe ton chemin ou, si tu l'aimes mieux, allons voler ensemble.* »

On a vu le lion emportant une brebis et, surpris par des femmes qui le poursuivaient en vociférant, abandonner sa proie et s'enfuir tout honteux en s'entendant appeler voleur par des créatures aussi infimes.

Il est probable que ce lion fuyard n'est pas le grand lion à crinière noire de l'Atlas, mais le lion de petite race qui vit de rapine autour des habitations des nègres et des hottentots, dans l'Afrique intérieure.

Quand ils veulent attaquer le lion dans son repaire, les Arabes, cavaliers et fantassins, se réunissent en troupe nombreuse. Aussitôt que le fourré, où se retire l'animal durant le jour, est découvert, les hommes à pied, serrés les uns contre les autres et prêts à tout, se groupent sur plusieurs rangs compacts, les cavaliers se tiennent à distance afin de s'élancer sur le lion s'il quitte le taillis pour fuir à travers la plaine ; alors les fantassins du premier rang commencent à injurier le lion, l'appelant à haute voix : Lache ! voleur, etc. Celui-ci semble d'abord insensible à tout ce bruit, puis, comme un homme que le bourdonnement d'une mouche éveillerait, il bâille, se lève lentement, s'étire, se recouche, se lève de nouveau, avance son énorme tête hors du buisson et regarde tranquillement autour de lui. Ce manège pourrait durer longtemps si une décharge de mousquetterie et l'atteinte d'une balle effleurant son large poitrail ne venaient exciter sa colère. Ses yeux flamboient? Sa grande voix ébranle les échos, et tout ce qui a vie à plusieurs lieues à la ronde frémit de terreur !

Les coups de feu se multiplient, le sang rougit le pelage du noble animal, la douleur l'irrite, il bondit sur ses agresseurs, une lutte effrayante s'engage, et, trop souvent, ce n'est qu'après avoir terrassé

plusieurs d'entre eux que le lion tombe
mortellement blessé. A ce moment, il devient plus terrible encore, et celui que sa
griffe atteint dans une de ces dernières
convulsions est un homme mort! Mais si
le lion, au lieu de se défendre dans le
fourré, s'élance en plaine, les cavaliers,
restés jusqu'alors inactifs, se mettent à sa
poursuite. Ils courent moins de dangers que
les fantassins, car le lion ne peut lutter de
vitesse avec les chevaux; ses trois ou quatre premiers bonds seuls sont prodigieux,
après quoi sa course est peu agile. Bientôt
entouré de toutes parts, il lui faut faire
tête à de nombreux ennemis qui fuient
avec prestesse devant lui, après avoir lâché
leur coup de feu; le cercle se resserre de
plus en plus, il lui faut tourner sans cesse
sur lui-même, dans ce cercle d'où pleut une
grêle de balles. Le roi du désert s'épuise en
bonds furieux, car les cavaliers dirigent leurs
montures avec tant d'adresse que rarement
il peut les atteindre, bien qu'il déploie
contre eux toute la puissance de ses muscles.

Enfin, épuisé de sang et d'efforts, il
tombe et en tombant il menace encore ses
vainqueurs.

Quelle joie apporte dans le village, le

douar ou la tribu la nouvelle de la mort
du lion, de ce terrible ravageur qui, durant des semaines et des mois, avait pré-
levé la dîme pour ses repas et ceux de sa
compagne, sur les troupeaux du pays !

Il y a peu de jours, une de nos amies
anglaises, partie d'Alger avec une demi-
douzaine de touristes pour visiter la splendide forêt de Cèdres près Teniet-el-Haad,
arriva juste à temps pour voir rentrer
triomphalement dans la ville une troupe
de chasseurs.

« Il est impossible de se faire une idée,
nous disait notre amie, de l'exaltation des
femmes lorsqu'elles entendirent les coups
de feu tirés par les chasseurs pour annon-
cer de loin leur retour. Cette exaltation devint de la frénésie quand le cadavre du lion
fut déposé au milieu de la grande place.

C'était à qui d'entre elles proférerait le
plus d'injures et d'imprécations contre l'ennemi qu'elles ne redoutaient plus. Les enfants faisaient chorus avec les femmes,
menaçant du poing la terrible bête qu'ils
se donnaient bien de garde d'approcher.
Les hommes eux-mêmes n'avaient pas honte
d'insulter, *mort*, celui que bon nombre
d'entre eux n'eût pas osé aller attaquer
vivant dans son repaire.

Se réjouir d'une victoire légitime est un droit. Injurier, insulter un ennemi vaincu dont on n'a plus rien à redouter, est une lâcheté. Cette scène me parut hideuse. Ah ! me disais-je, s'il se réveillait un instant du grand sommeil, s'il secouait sa puissante crinière, comme toute cette tourbe ameutée s'enfuirait terrifiée et combien peu, parmi ses insulteurs, resteraient là pour lui tenir tête. »

Les mêmes péripéties, ou à peu près, se renouvellent dans la chasse à la panthère. Comme le lion, cette dernière ne quitte guère les fourrés durant le jour et ni l'un ni l'autre n'attaque le premier, des hommes réunis en troupe. Voici deux exemples à l'appui de cette assertion. Dans une marche, un capitaine d'artillerie de notre connaissance s'était arrêté, pour déjeuner avec quelques officiers, près d'un taillis assez épais ; durant tout le repas ils entendirent sortir de ce taillis des grondements qu'ils prirent pour ceux d'un sanglier dans sa bauge, ils déjeunèrent donc très tranquillement et de fort bon appétit. Aux mouvements qu'ils firent pour se remettre en route, une panthère et ses deux petits quit-

tèrent leur abri et s'enfuirent à toutes
jambes vers le bois.

Une autre fois, un détachement de soldats d'infanterie, escortant quelques chariots
chargés d'approvisionnements pour un
blockaus, dut passer près d'un massif de
rochers isolés, connu pour servir de repaire aux lions. Quand on approcha du
lieu mal famé, l'officier qui commandait
le détachement braqua sa lorgnette et
aperçut un énorme lion couché sur la pointe
d'une roche qui surplombait la route. Fa-
talement il fallait défiler à portée du
monstre. Que faire ? L'officier hésita. Il
eut d'abord la pensée de rétrograder, son
devoir étant de ménager la vie de ses
hommes, mais tout retard dans l'arrivée
du convoi de vivres pouvait avoir de
fâcheuses conséquences pour la garnison
du blockaus. Il se décida à braver le lion.
Quand on fut proche du rocher, il ordonna
aux tambours de battre énergiquement la
charge et tout le convoi défila ainsi, sous
le nez de Messire Lion, qui resta immobile
sur sa roche, sans oser troubler la marche
de nos soldats.

Avant Jules Gérard, la chasse au lion
à l'affût n'était guère pratiquée chez les

arabes que par des hommes d'un courage et d'un dévouement exceptionnels, dont les noms sont restés légendaires dans leurs tribus. Les arabes pourtant sont loin de manquer de bravoure, mais le plus grand nombre étaient persuadés qu'un homme seul ne pouvait vaincre le *Seigneur à la grosse tête*. Jules Gérard leur a prouvé des centaines de fois, qu'un homme *seul* peut affronter victorieusement le terrible ravageur, pourvu qu'il possède trois choses:

Un sang-froid à toute épreuve, un coup d'œil infaillible et une bonne carabine.

Réunir ces trois auxilliaires est difficile; aussi les arabes préfèrent-ils encore dresser sur le passage habituel du lion des embûches telles que de profondes fosses dissimulées sous une mince couche de branchages qui, cédant sous son poids, le livre sans défense à ses ennemis.

Tout homme qui entreprend la chasse à l'affût, sait que c'est un duel à mort.

Si la balle ne porte pas juste, le fauve s'élance et tombe d'un seul bond sur son agresseur, le renverse, le tient quelques instants sous la pression de ses ongles qui lui labourent les chairs, puis lui brise le crâne entre ses puissantes mâchoires. Si,

durant la minute de répit qui lui est laissée, il peut saisir son poignard et le plonger
dans le cœur du monstre, il est sauvé...
pour le moment ; mais trop souvent, les
blessures qu'il a reçues sont mortelles.

La chasse à l'affût contre la panthère
est plus périlleuse que celle contre le lion,
parce que l'on entend toujours venir ce
dernier à travers les broussailles qu'il
brise en passant, tandis que la panthère
arrive sans que le moindre bruit ait an-
noncé son approche.

Après avoir, à la chute du jour, attaché sur une éminence dénudée, une chèvre
dont les bêlements attireront la panthère,
le chasseur va se blottir dans un épais
buisson, à portée de fusil, d'où il peut sur-
veiller tous les mouvements de son appât.
Là, il attend souvent de longues heures,
l'œil et l'oreille au guet. Si la chèvre, à
qui son instinct revèle le danger, cesse de
bêler, si elle frappe le sol avec impatience,
si elle devient immobile, le cou tendu, les
oreilles dressées, le chasseur doit redou-
bler de prudence. La panthère est peut-
être à deux pas ! S'il fait le plus léger
mouvement, s'il ne retient son souffle,
elle bondit, l'étreint et c'en est fait de lui.

Et le chacal, et l'hyène, pourquoi n'en pas parler, me direz-vous ?

Parce que le chacal est une trop infime bête de chasse, et que l'hyène, qu'on dit si féroce, n'est pas à la hauteur de sa réputation. Elle est si lâche, qu'elle ne marche guère qu'à la suite des chacals, et qu'elle n'ose pas même attaquer les troupeaux. Elle s'en prend aux cadavres et souvent va les chercher dans la terre à une grande profondeur. Quelquefois, quand elle a trop grand faim, elle s'en prend aux chiens de garde ; certes, nos loups de France en remontreraient pour le courage à cette bête que les Arabes méprisent assez profondément pour ne jamais lâcher contre elle un coup de feu ; ils laissent à leurs lévriers le soin de l'étrangler.

La peau de l'hyène porte malheur, disent les Arabes, et c'est presque une honte de s'en servir sous la tente.

« Au contraire, les Arabes croient qu'il est bon de dormir sur une peau de lion, nous dit le général Daumas : on éloigne ainsi les démons, on conjure le malheur et on se préserve de certaines maladies.

« Les griffes du lion, montées en argent, deviennent des ornements pour les femmes;

la peau de son front est un talisman que certains hommes placent sur leur tête pour maintenir dans leur cervelle l'audace et l'énergie.

« Tout combat contre le lion peut avoir pour devise le mot : « *Meurs ou tue.* » « Celui qui le tue, le mange, dit le pro- verbe, et celui qui ne le tue pas, en est mangé. » Aussi donne-t-on à un homme qui a tué un lion ce laconique et virile éloge, on dit : *Celui-là, c'est lui (Hadak- hona)* » (1).

Jules Gérard connaissait un nombre infini de croyances indigènes sur le lion. Dans son livre, intitulé le *Tueur de Lions*, il en rapporte de fort curieuses tirées d'un écrivain arabe, Daméïri, qui vivait au viii° siècle de l'hégire, et qui composa une histoire des animaux en deux gros volumes in-4°. Ce livre contient plus d'erreurs que de vérités.

En voici quelques-unes prises au ha- sard :

« Celui qui enduit son corps avec de la graisse de lion voit fuir devant lui toutes les bêtes féroces.

_____

(1) Général Daumas.

« Quand vous souffrez des dents, portez sur vous une dent de lion et le mal disparaîtra.

« Il y a un remède infaillible contre les engelures : c'est de se frotter les pieds et les mains avec de la graisse de lion.

« En mettant un morceau de peau de lion dans un coffre, on réussit à préserver les effets contre toute espèce de vermine, excepté les mites.

« Si l'on veut se mettre à l'abri des tromperies et des artifices d'autrui, il suffit de porter toujours avec soi une peau de lion.

« Le rugissement du sultan des animaux fait mourir le crocodile.

« Le lion a un tempérament excessivement chaud, il a continuellement la fièvre. Il fuit devant le chat.

« Lorsque Noé fit entrer dans l'arche un couple de chaque bête, ses compagnons, ainsi que les membres de sa famille, lui dirent : « Quelle sécurité peut-il y avoir pour nous et pour les animaux, tant que le lion habitera avec nous dans cet étroit bâ-bâtiment ? »

« Le patriarche se mit en prière et implora le Seigneur. Aussitôt la fièvre descendit du ciel et s'empara du roi des animaux, afin que la tranquillité d'esprit fut rendue aux habitants de l'arche. Il n'y a pas d'autre explication pour l'origine de la fièvre en ce monde.

« Mais il y avait dans le vaisseau un ennemi non moins nuisible : c'était la souris. Les compagnons de Noé lui firent remarquer qu'il leur serait impossible de conserver intacts leurs effets et leurs pro-provisions. Après une nouvelle prière adressée au Tout-Puissant par le patriarche, le lion éternua, et il sortit un chat de ses naseaux.

« C'est depuis ce moment que la souris est devenue si craintive et qu'elle a contracté l'habitude de se cacher dans les trous.

« L'image du lion joue un rôle important dans les rêves et donne lieu à des présages que les nécromanciens n'ont pas négligé d'interpréter. »

L'écrivain El-Tabari en cite un grand nombre parmi lesquels nous signalons ceux-ci :

« Si vous voyez un lion en songe, cela prouve deux choses : ou que la terre sera dominée par un tyran puissant et implacable, ou que la mort est proche.

« Quand l'animal semble s'élancer sur un groupe d'hommes, il faut en conclure que le roi opprimera ses sujets.

« Manger en rêve une tête de lion présage qu'on deviendra chef de l'Etat. »

ARABES ET KABYLES

On confond d'habitude, sous le nom
général d'Arabes, les diverses populations
de l'Algérie qui revêtent le burnous traditionnel. En cela on commet une grande
erreur.

Deux races, la race berbère ou kabyle
et la race arabe, bien distinctes par leur
type, leurs institutions civiles et politiques,
leurs habitudes, leur religion même, bien
que toutes deux reconnaissent Allah pour
seul Dieu et Mohamed pour son prophète, se partagent le territoire.

« Les Kabyles peuplent toute la région
montagneuse qui s'étend le long du lit-

toral algérien, depuis les frontières de la
Tunisie, jusqu'à l'extrémité du Maroc. Ils
descendent des Berbères, comme en descendent les Chaouias qui peuplent la chaîne
méridionale de l'Aurès, les Mzabites habitants de la ceinture d'oasis qui limite
l'Algérie au sud, enfin les Touaregs qui
vivent dans le désert proprement dit. Ce
sont les mêmes hommes connus dans le
Maroc sous le nom de *Amazigh* (hommes
libres), les mêmes qui jadis se sont appelés
Lybiens dans l'est, Maures dans l'ouest,
Numides au centre, Gétules dans le sud
et Garamantes dans les landes du désert,
et qui représentent pour nous, ou la race
autochtone, ou la race de première émigra-
tion qui a peuplé le pays à des époques sur
lesquelles la science discute et qui a sur-
vécu dans toute l'Afrique septentrionale
aux révolutions politiques et religieuses. » (1)

L'Arabe, envahissant l'Afrique au vii°
siècle, a refoulé les Berbères vers les montagnes ; mais par suite de la situation
topographique du Tell, l'Arabe qui s'y est
établi est devenu cultivateur. Il a néces-

(1) Jules Duval.

sairement échangé la tente du nomade contre le gourbi stable, sorte de cabane en branchages et en pisé (le *mapalia* des Romains).

L'Arabe du Sahara, au contraire, ayant devant lui d'immenses espaces, est resté nomade et pasteur : ses troupeaux de moutons, ses chameaux et ses chevaux si renommés font sa principale richesse. Il habite sous la tente.

L'Arabe passe sa vie dans la fébrile activité de la chasse, de la fantazzia, de la guerre de tribu à tribu, ou dans le *farniente* rêveur le plus complet. Il est paresseux et dédaigne le travail manuel qu'il abandonne aux femmes, sur lesquelles retombe tout le poids d'un véritable esclavage.

Pour le Kabyle, la paresse est une honte. Il est non seulement cultivateur mais encore éminemment industrieux. La nécessité l'a fait ainsi.

Au milieu de ses montagnes, il a dû utiliser jusqu'à la moindre parcelle de terrain cultivable. Dans la Kabylie du Djurjura, cette Suisse algérienne, pas une crête de rocher, revêtue de la plus mince couche de terre végétale que la pioche du cultivateur puisse fouiller, n'y reste en jachères.

Les pentes méridionales, les vallées profondes abritées du vent du Nord, sont couvertes de luxuriants vergers, où les oliviers greffés avec soin, comme d'ailleurs tous les autres arbres fruitiers, atteignent souvent la dimension des noyers, et où les mûriers, les pêchers, les amandiers, les pruniers, les poiriers, la vigne, les orangers, les citronniers, croissent en abondance et sont une des premières richesses des diverses tribus qui forment la confédération des Beni-Raten.

L'Arabe a conservé ses institutions sociales despotiques qui, aujourd'hui encore, représentent ce qu'était chez nous la féodalité.

Les Kabyles, au contraire, sont organisés en une sorte de démocratie fédérale. Ils ne reconnaissent aucun chef s'il ne tient son autorité de l'élection.

« L'Arabe, dit le général Daumas, a les cheveux et les yeux noirs ; beaucoup de Kabyles ont les yeux bleus et les cheveux rouges, ils sont généralement plus blancs que les arabes. »

« L'Arabe se couvre la tête en toute saison, et, quand il le peut, marche les pieds chaussés. Le Kabyle, été comme hiver, par la neige ou le soleil, a généralement les pieds et la tête nus.

« L'Arabe est vaniteux, on le voit humble et arrogant tour à tour.

« Le Kabyle reste toujours drapé dans son orgueil.

« L'Arabe est menteur, le Kabyle regarde le mensonge comme une honte.

« Les Arabes, dans la guerre, procèdent le plus souvent par surprise et par trahison. Le Kabyle prévient toujours son ennemi.

« Les Arabes volent partout où ils peuvent et surtout dans le jour. Les Kabyles volent davantage la nuit et ne volent que leur ennemi. Dans ce cas, c'est un acte digne d'éloge ; autrement l'opinion flétrit le vol. — »

Dans la société kabyle, la femme occupe une situation bien supérieure à celle de la femme dans la société arabe. Si elle travaille, le mari travaille avec elle ; c'est plutôt une épouse qu'une esclave qu'il associe à son sort ; aussi jouit-elle d'une bien plus grande liberté.

« La femme kabyle se rend au marché pour faire les provisions de la maison, pour vendre, pour acheter. Son mari aurait honte d'entrer, comme l'Arabe, dans de semblables détails.

« La femme arabe ne peut paraître aux réunions avec les hommes; elle garde toujours son mouchoir, ou son voile, avec le le haïck. La femme kabyle s'assied où elle veut; elle cause, elle chante; son visage reste découvert. L'une et l'autre portent, dès l'enfance, de petits tatouages sur la figure; mais le tatouage de la femme kabyle présente une particularité bien remarquable : il affecte ordinairement la forme d'une *croix;* sa place habituelle est entre les deux yeux ou sur une narine.

« Les Kabyles perpétuent cet usage sans pouvoir en faire connaître l'origine, qui semble se rapporter à l'ère chrétienne. Un fait digne de remarque appuierait en apparence cette conjecture ; c'est qu'aucun taleb ou marabout n'épouse une femme ainsi tatouée, sans lui faire disparaître le signe par une application de chaux et de savon noir. Mais il convient aussi de remarquer que tous les tatouages sont défendus par le Koran qui les flétrit du nom de *hétibet-el-chytam,* écriture du démon.

« La femme du peuple, chez les Arabes, est ordinairement sale. La femme Kabyle est plus propre ; elle doit faire deux toilettes par jour : le matin, elle se lave, le soir elle se pare de tous ses ornements ; elle met du henné, etc... Cette coutume vient de ce qu'elle parait à la table des hôtes (1) ».

Les femmes kabyles ont souvent une grande influence politique dans la tribu ; elles peuvent même être revêtues du caractère religieux attribué à la sainteté.

Telle fut, dans le passé, Lella Gouraya dont la Koubba, qui renferme son tombeau, domine Bougie et où, selon la croyance populaire, s'accomplissent encore aujourd'hui de nombreux miracles. Telle est, de nos jours, la prophétesse Lella Fatma, autour de laquelle se sont groupés en 1857 les derniers défenseurs de l'indépendance Kabyle et dont la puissance sur les masses peut être comparée à celle de Velléda chez nos pères les Gaulois.

(1) Général Daumas.

CONQUÊTE

DE LA KABYLIE

DU DJURJURA

Avant la conquête de la Kabylie du Djurjura, aucune route ne reliait directement, par terre, Alger à Constantine.

En 1839, la fameuse expédition des Bibans (portes de fer), défilé que nul conquérant n'avait jamais franchi avant nous et que les Kabyles jugeaient imprenables, nous avait bien permis d'ouvrir une voie de communication de Bougie à Sétif et de Sétif à Constantine. Mais pour se rendre d'Alger à Bougie, il fallait toujours prendre la mer et affronter les difficultés d'une navigation souvent périlleuse sur les côtes orientales de l'Algérie.

Les Kabyles du Djurjura fomentaient sans cesse des révoltes du côté de Sétif et d'Aumale. Ces révoltes nous obligeaient à tenir sur pied des forces considérables. Nos incessantes expéditions contre les Kabyles grévaient lourdement le budget de la guerre et troublaient la sûreté de nos nationaux. Ces raisons décidèrent, en 1856, le gouvernement à frapper un grand coup afin de soumettre définitivement la Kabylie du Djurjura, cette fière Kabylie que ni les Romains, ni les Turcs, ni Abd-el-Kader lui-même n'avaient pu soumettre.

L'expédition de 1856 eut pour résultat de nous ouvrir la route de la Kabylie du Djurjura jusqu'à Tizi-Ouzou ; celle de l'été 1857 nous a définitivement livré le pays entier.

De tous les habitants de la grande Kabylie, les Beni-Raten ont toujours été les plus ardents à défendre leur indépendance.

Eux soumis, la Kabylie entière devait suivre leur exemple ; c'est donc vers leurs montagnes que l'on a dirigé toutes nos forces dans la dernière expédition que le gouverneur général voulait rendre définitive. Il fallait en finir avec ces montagnards, il fallait frapper ce dernier coup pour faire comprendre aux indigènes de toute l'Algérie, Arabes ou Kabyles, que nul d'entre eux n'était capable de résister à nos armes.

La tribu des Beni-Raten se compose de soixante villages, tous bâtis sur les crêtes des trois rameaux de montagnes dont le Souk-el-Arba, élevé de mille mètres au-dessus du niveau de la mer, est le point central.

Les principaux villages de la confédération des Beni-Raten étaient, avant la guerre, pour la plupart fortifiés, et, au dire des officiers de l'expédition, rappelaient les bourgades du moyen âge par leurs rues tortueuses et sales, comme par leurs grossières fortifications de pierres percées de meurtrières inégales qui dominaient les précipices.

Chez les Beni-Raten, comme chez tous les Kabyles, les portes et les fenêtres des maisons sont étroites et mal percées. A l'intérieur existe une ou plusieurs pièces, selon la fortune du propriétaire.

Dans les maisons qui ne comportent qu'une chambre, celle-ci est divisée, dans sa hauteur, par une soupente destinée aux femmes, où elles vont *nicher* à l'aide d'une échelle. Des vases de terre de toutes formes, les plats à couscoussou, le moulin à bras pour broyer le grain, les coffres pour serrer les effets de la famille, le pressoir à l'huile, les instruments aratoires, encombrent cette chambre où se trouve très souvent un métier à tisser; des vêtements de laine sont appendus çà et là. Cet intérieur est presque partout d'une grande malpropreté; de plus, dans la demeure des Yemmi, qui joignent l'industrie à la culture, on trouve les outils nécessaires à chaque genre d'état particulier, forge, marteau, lime, scie, etc.

Les Yemmi d'Aïtel-Hassem, emploient assez habilement l'or, l'argent, l'ivoire et le corail pour l'ornement des grands fusils arabes et pour la confection de nombreux bijoux. Ces bijoux sont loin d'être d'un travail aussi fini que les nôtres, mais ils sont d'un dessin original, souvent gracieux.

C'est dans la tribu des Flissas que se fabriquent ces grands sabres si renommés qui portent ce nom.

Les Kabyles fabriquent en outre des socs de charrue, des pelles, des pioches, des couteaux, des pressoirs à huile, des poteries très recherchées, des métiers pour tisser, etc., etc.

Les femmes filent le lin, dont elles font de la toile, et la laine avec laquelle elles tissent l'étoffe blanche et chaude qui sert à confectionner les burnous et les haïck.

Il a fallu pour atteindre le sommet du Souk-el-Arba, situé près du Djurjura, traverser toute la Kabylie. C'est donc par les trois crêtes principales que l'armée, divisée en trois corps, a dû marcher à la fois pour arriver à son but, en s'emparant successivement des mamelons superposés et des villages kabyles.

Quand on a vu ces mamelons, ces pics échelonnés les uns derrière les autres et séparés par des ravins qui semblent infranchissables, on se demande comment, sous le feu de l'ennemi, on a pu, sans chemins tracés, faire gravir ces monts, escalader ces précipices par l'artillerie, par tout le matériel d'une armée nombreuse, par les ambulances, etc. Ces ascensions successives cependant ont eu lieu et avec une incroyable rapidité.

Le corps d'armée, fort de 25,000 hommes, campait à Sik-ou-Médour, au delà
du Sebaou, qui prend sa source dans le
Djurjura, passe derrière les montagnes boi-
sées des Kellili et des Fraoucen et descend
à travers la plaine jusqu'à Dellys. C'est
là que nos soldats, impatients d'escalader
ces montagnes, au sommet desquelles la
gloire ou la mort les attendaient... sont
restés trois jours, trois longs jours, inactifs, retenus par un brouillard épais, suivi
d'une pluie torrentielle,' qui rendaint impossible toute hostilité. Le camp était devenu un véritable marais ; généraux, officiers et soldats y pataugeaient à qui mieux
mieux, faisant contre mauvaise fortune
bon cœur, tandis que les marabouts kabyles persuadaient à leurs coreligionnaires
que Mohamed suscitait le brouillard, le
tonnerre et la pluie pour disperser les
Roumis et sauver ses enfants.

Durant cette longue attente, un soldat
du train imagina d'aller seul, à travers la
plaine, jusqu'à la Djemma ou Marabout
Si-Askloni, située sur un mamelon isolé,
où l'on avait vu, à différents moments, une
foule de Kabyles se réunir pour tenir sans
doute quelque conciliabule.

L'imprudent soldat arrive sans encombre, pénètre dans la Djemma, y décroche une lampe. Les Kabyles, stupéfaits de tant d'audace, l'avaient pris d'abord pour un déserteur ; mais son acte sacrilège les tire de leur méprise ; ils poussent leur cri de guerre. Le soldat prend la fuite et les Kabyles se mettent à sa poursuite. L'audacieux court mieux qu'eux ; il descend la montagne avec la rapidité de la flèche, au milieu d'une grêle de balles. Un instant même, il se trouve entre deux feux : nos soldats, le prenant à leur tour pour un déserteur que l'ennemi repousse, tirent sur lui ; il échappe aux balles françaises comme aux balles kabyles, et rentre au camp sain et sauf avec son trophée. Cet exploit lui vaut quelques heures de prison en punition d'un acte d'indiscipline qui venait de compromettre inutilement la vie d'un soldat de la France.

A toutes les époques de nos fastes de guerre nous retrouvons la même fougue irréfléchie dans le caractère français.

Lors de l'invasion de la Gaule par Jules César, ne voyons-nous pas les enfants gaulois, qui ont fait souche du gamin de Paris, aller tirer la langue aux Romains jusque

sous les palissades de leur camp, à portée
des traits meurtriers.

Plus près de nous, lors de la désastreuse
expédition de Charles-Quint contre Alger,
alors qu'il fallut battre en retraite, ne
voyons-nous pas un de nos compatriotes,
Pons de Balagnier, dit de Savignac, che-
valier du Temple, portant l'enseigne de
son ordre, s'élancer à la tête d'une poignée
de braves, sous lo feu de l'ennemi, pour aller
enfoncer son poignard dans la porte
assiégée, porte qui devait s'ouvrir trois
siècles plus tard, en 1830, devant d'autres
français aussi braves, et plus heureux que
lui.

Eminemment producteurs et commer-
çants, habitants d'un pays riche en oliviers
et en arbres à fruits de toute espèce, les
Beni-Raten de la basse montagne étaient
entrés depuis longtemps en rapports paci-
fiques avec nous, ce qui ne les empêchait
pas, à chaque fois qu'une insurrection se
préparait sourdement en Kabylie, d'abandonner leur commerce et leurs travaux
dans nos villes pour aller se joindre à leurs
compatriotes et faire contre nous le coup
de feu. Dès que nous avions eu raison par
les armes de ces insurrections, et que les

révoltés étaient rentrés dans le devoir, le guerrier faisait de nouveau place au commerçant, et les Kabyles redescendaient de leurs montagnes pour reprendre paisiblement avec nous leurs relations habituelles.

Probablement, on aurait pu s'attacher, à l'aide de la diplomatie, les Beni-Raten de la basse montagne, que tant d'intérêts ralliaient à nous, si l'honneur national ne le leur avait défendu et si leurs femmes, sous peine de honte et de mépris, ne les eussent excités à faire *parler la poudre*.

Une fois les premiers coups de fusil tirés, les Beni-Raten les plus disposés à la paix se sont grisés de poudre, et le marchand, le cultivateur, le fabricant, ont disparu pour faire place au guerrier patriote.

Ils se sont battus en conscience et nous ont rendu la besogne assez rude.

Triste nécessité de la guerre ! forcé a été sur plus d'un point, pour faire cesser l'effusion du sang, pour ménager la vie des hommes, de dévaster le pays, de s'en prendre *aux choses*, surtout à ces magnifiques oliviers, à ces beaux arbres à fruits qui couvrent la contrée.

Les Beni-Raten voyaient brûler leurs villages sans trop s'en inquiéter : des murailles sont l'œuvre de quelques jours ; elles se relèvent vite. Mais des arbres en pleine production ! pour le Kabyle, c'est la vie, c'est la richesse ! et brûler ses arbres, c'est lui ravir l'une et l'autre.

Or, pour en finir plus promptement avec les tribus insoumises, le gouverneur général donnait ordre de mettre le feu à quelques bois.

De tous les spectacles, celui de l'incendie d'un bois d'oliviers est le plus magnifiquement terrible qu'on puisse voir, disent des témoins oculaires. C'est par la cime qu'on l'incendie ; la flamme, que la sève huileuse alimente, passe bien vite des feuilles aux menues branches, puis aux principales, avec des pétillements incessants et des myriades d'étincelles ; lorsque la flamme atteint le tronc, toujours creux chez les vieux oliviers, comme chez nos vieux saules, la masse enflammée, subitement privée de support, s'affaisse avec fracas, et alors, des jets de flammes, des colonnes de fumée rouge, des gerbes éblouissantes d'étincelles s'élèvent dans l'air à des hauteurs incroyables et forment le plus gigantesque feu d'artifice que l'imagination ait jamais pu rêver.

Ce n'est qu'en nous voyant bien décidés à être impitoyables pour leurs plantations que les Beni-Raten se sont rendus définitivement. Notre façon d'agir devait d'autant plus impressionner les Kabyles que dans leurs guerres entre eux toujours les arbres étaient respectés. Chaque tribu qui triomphait d'une tribu ennemie mettait tout au pillage, brûlait les habitations, ravageait les moissons, mais elle épargnait les arbres, sachant bien que le lendemain, vaincue à son tour, elle subirait la peine du Talion, et qu'il faudrait de longues années pour réparer le désastre.

Les montagnards du Djurjura, au contraire, ceux qu'on appelle les Kabyles du rocher, habitants d'un pays pauvre, et par conséquent ayant peu à redouter du système de dévastation, ont dû lutter plus longtemps que tous les autres, n'ayant qu'un seul bien, leur liberté, ils la défendaient pied à pied. Que leur faisaient quelques misérables maisons, quelques buissons de lentisques ou de chênes-nains rabougris. Ce qu'ils tenaient à conserver, c'était leur fière indépendance.

Et d'ailleurs, Lella Fatma était au milieu d'eux ; elle avait réuni autour d'elle les femmes et les enfants ; s'ils se rendaient, leur prophétesse vénérée et tout ce qu'ils avaient de plus cher au monde, tombaient au pouvoir du Roumi.

Leur dernier espoir est venu expirer au col de Tirouda.

C'est au village de Takedeth qu'ils ont tiré leurs derniers coups de feu pour défendre la maison où s'étaient réfugiés les femmes et les enfants avec Lella Fatma. Voyant enfin que toute résistance était devenue impossible, la plupart s'enfuirent ; mais un certain nombre, parmi lesquels le frère de Lella Fatma, portant des branches vertes à la main, en signe de soumission, attendirent, assis, immobiles, autour de la demeure de leur prophétesse, la dernière attaque des vainqueurs, comme autrefois, à Rome, les pères conscrits attendirent sur leur chaise curule celle des Gaulois.

L'épisode de la prise de Lella Fatma caractérise si bien les mœurs des Kabyles, que je ne saurais résister au désir de vous la raconter.

Lella Fatma, fille et sœur de marabout, jouissait dans la haute Kabylie du Djurjura d'une immense influence religieuse et politique. Femme intelligente, énergique et enthousiaste, ses exhortations furent en partie cause de la vigoureuse résistance des derniers défenseurs de la liberté Kabyle. Petite et replète, elle n'en avait pas moins une grande dignité dans le port et dans les gestes.

Au moment où nos soldats enfoncèrent la porte de la maison, Lella Fatma se montra sur le seuil, l'œil étincelant d'indignation et s'avança au milieu des baïonnettes zouaves, semblant, quoique captive, braver encore les Roumis vainqueurs.

En apercevant son frère au milieu des prisonniers, elle perdit tout à coup son énergique fierté et se mit à fondre en larmes : elle sentait que la Kabylie était vaincue !

Tous les prisonniers, hommes, femmes et enfants furent dirigés sur le camp de Tamesguida, où, après une marche de huit à neuf heures, à travers des chemins escarpés, rocheux, hérissés d'obstacles, ils arrivèrent exténués de fatigue et de faim ; quand Lella Fatma, entourée de toutes les prisonnières, fut conduite devant le gouverneur général, elle avait repris une attitude fière et digne qui le frappa vivement. Il comprit la valeur de cette femme et son influence sur ses coreligionnaires, et songea à l'utiliser, si faire se pouvait, au profit de la France.

La Maraboutesse et ses compagnes furent traitées avec de grands égards. Dès le lendemain toutes les femmes et leurs enfants, largement munies de provisions de bouche, bien utiles dans un pays dévasté par la guerre, furent renvoyées dans une tribu soumise pour y être gardées jusqu'à complète reddition de tout le pays ; les hommes furent dirigés sur divers points et Lella Fatma conduite à Alger. Avant la séparation, en ayant obtenu l'autorisation du gouverneur, tous les prisonniers, ses coreligionnaires, et même nos soldats turcos, vinrent baiser respectueusement la main de la Maraboutesse. On vit alors plusieurs de ces sauvages guerriers, impassibles devant la mort et terribles jusqu'à la cruauté dans les combats, verser des larmes en accomplissant cet acte de religieux respect.

La grande Kabylie, la Kabylie du Djurjura était soumise, mais non pacifiée. Il fallait s'y établir fortement avec la plus grande promptitude, afin d'enlever à ses belliqueuses populations toute pensée d'insurrection, soit partielle, soit générale. La captivité de leur vénérée Maraboutesse, plus encore que l'insuccès de la résistance armée, décourageait jusqu'aux plus fanatiques des marabouts Kabyles ; Allah semblait avoir abandonné ses enfants.

Le moment était propice, on sut en profiter... Tracer une route à travers toutes les difficultés de terrain de Sikou-Médour à Soukel-Arba, construire sur ce point culminant, qui domine tout le pays, un fort inexpugnable, telle était l'œuvre à faire et à parfaire avant l'hiver. Elle fut accomplie par les troupes françaises avec une célérité qui tenait du prodige.

J'allais essayer de vous décrire ces merveilleux travaux réalisés en quelques semaines, lorsqu'il m'est tombé sous les yeux un article du *Moniteur* du 19 octobre 1857, dû à la plume d'Émile Carrey. Je ne crois pouvoir mieux faire que de vous transcrire cet article où l'auteur, avec un esprit et un entrain tout français, nous transporte au milieu de ces légions de braves qui, à peine remis des fatigues du combat, déposaient leurs armes pour saisir la pioche du terrassier, la hache du bûcheron, la truelle du maçon ; mais je m'arrête pour laisser parler Émile Carrey :

« Camp d'Aït-el-Hassem, juillet 1857.

« ..... Le 24 mai, l'œuvre d'occupation commence, le maréchal a choisi le terri-toire des Beni-Raten pour ouvrir la pre-mière grande route et construire un fort qui dominera toute la Kabylie située au nord du Djurjura.

« Les montagnes des Beni-Raten comp-tent parmi les plus élevées de l'Afrique française ; elles sont situées au cœur du pays insoumis presqu'entourées par les vallées du Sébaou et du Boghnï, toujours ouvertes à nos armées, à raison de leur largeur et des *bordj* (forts, mot turc) de Tizi-Ouzou et de Draël-Mizan qui les com-mandent.

« Un fort, élevé sur leur territoire, sera comme un phare qui rayonnera sur le pays kabyle. En outre, on se servira des Beni-Raten pour la défense extérieure des forteresses. Les Turcs avaient l'utile cou-tume de placer autour de leurs *bordj* une tribu Magzem ou gardienne par excel-lence, chargée, moyennant privilége, de la police des tribus voisines. A l'instar des Turcs, on fera des Beni-Raten une tribu Magzem.

« C'est la confédération la plus redoutée

de toutes, généralement fidèle à la fois jurée, en relation avec Alger depuis longtemps.

. . . .

« Souk-el-Arba est l'un des plus larges
plateaux du pays Kabyle. Son sol, admirablement solide, possède plusieurs sources,
avantage sans prix sur la terre d'Afrique.
S'il n'est pas le point culminant de la
grande Kabylie, il en est du moins un des
plus élevés. De ses hauteurs, on découvre
tout le territoire de Beni-Assi, Yenni,
Mahtka, et sur une partie de la vallée du
Sébaou, presque tout le Djurjura et les
montagnes d'Alger. Il est situé au centre
du territoire des Beni-Raten.

« Le 2 juin, quatre jours après l'arrivée
des troupes de Souk-el-Arba, le tracé est
fait : 25,000 outils, en pelles, pioches,
scies, haches, et 200 jeux de pétardement
sont amoncelés par dépôt de Sikou-Médour
à Souk-el-Arba.

« La route commence; chaque matin,
à quatre heures et demie, la diane réveille
les camps; 10,000 hommes se mettent à
l'ouvrage à cinq heures du matin jusqu'à
huit. Interrompu pendant les heures de
chaleur, le travail reprenait vers deux

heures pour continuer jusqu'au soir. Deux mille nouveaux venus reposent leurs camarades (ce qui établit cinq jours de travail pour chaque hommes).

« Chaque corps participe à l'œuvre commune ; les soldats du génie, arme d'élite, fiers de leurs œuvres, graves sous leurs uniformes ; l'infanterie, la ligne avec son dévouement silencieux, comme le devoir ; les chasseurs et les zouaves, ces enfants gâtés de la renommée ; la légion étrangère dont les soldats, les belges surtout, ont une habileté pratique qui double leurs efforts ; tous, jusqu'aux tirailleurs indigènes, ou turcos, comme on les nomme, pittoresques soldats aux vêtements orientaux... causeurs comme de vrais oiseaux, glosant de tout dans leur langue gutturale, étalant, sous le soleil qui les dore, leurs faces noirâtres et leurs dents blanches qu'entrouvre leur rire éternel.

« Au premier jour de ce labeur inaccoutumé, l'orgueil oriental des tirailleurs souffre à travailler la terre. L'un d'eux dit au général Renaud :

— « *Trabajar barout bono, trabajar terra maccache* (travailler la poudre, c'est bien, travailler la terre, non !)

Le général lui répond en lui frappant sur l'épaule :

— Faisons notre route et nous irons ensemble travailler la poudre, beaucoup.

Et tous les turcos se remettent au travail, criant :

— *Vive le général, trabajar, trabajar benef.*

« En trois jours, la route est indiquée sur tout son parcours..... Les arbres abattus serviront pour la construction du fort.

Ici, la crête d'un mamelon est applatie et va s'abaissant sous les pioches: les terres, les pierres éboulées roulent aux deux côtés du ravin comme des avalanches continues.

« Là, des terrassiers, qui ont dû creuser un escalier pour monter à l'ouvrage, taillent les flancs abrupts d'une montagne à pic ; plus loin, la route descend par lacets échelonnés qui se reploient sur eux-mêmes comme un immense serpent.

« Là où la terre est trop dure, la barre à mine des soldats du génie retentit.

« La nuit ont lieu les explosions des mines : à droite, à gauche, on aperçoit leur poussière lointaine ; les éclats de rocher retombent en pluie de pierres sur les flancs des montagnes et roulent bondissant au fond des ravins.

« La santé des soldats est améliorée par le travail. Il y a des jours où l'ambulance ne reçoit qu'un seul malade sur 25,000 hommes.

« Tous les jours, chaque soldat reçoit 320 grammes de viande fraîche, café, sucre, riz, légumes, eau-de-vie, etc., etc., et du pain frais autant que faire se peut. Le soldat a une haute paye.

« La plus grande gaîté règne ; les lazzis se croisent. Quand les chasseurs de Vincennes, (*les corbeaux*) au sombre uniforme, passent devant leurs amis préférés, les zouaves (*chacals* aux vives allures, aux regards toujours en quête) les *couahh couahh*, s'élèvent dans l'air, croassés par les zouaves..... aussitôt les chasseurs glapissent à pleine gorge, à faire croire que tous les chacals du désert sont dans le voisinage.

« Durant les heures de repos les soldats causent près des cantines ou dorment à l'ombre des frênes et des figuiers qui couvrent les pentes des montagnes. Le jeu de loto fait fureur ; les marchands de coco ambulants circulent au milieu de tous.

« Les officiers trouvent chez les canti-
niers ou font venir d'Alger tout ce luxe
de la vie civilisée qui abrège les heures
oisives : des livres, du vin, des vivres, des
fruits, etc.

« Pendant le jour, hors du service, les
uns jouent, les autres vont visiter la route,
le camp voisin ou les villages récemment
conquis. Le soir, chacun raconte.... on dé-
jeune et on dîne lentement en s'attardant
aux longs cigares. Chaque table d'officier,
chaque *popote* comme on la nomme, reçoit chaque jour quelqu'invité, quelque
vautour échappé de la table voisine.

« Sous la tente des chefs, il y a jeux
divers, whist, etc., ou causeries intimes.
Les musiques des régiments font entendre
des ouvertures ou des airs d'opéra autour
de la tente du maréchal et des généraux.
Enfin, parfois, le soir, il y a spectacle.
Les zouaves de Crimée ont remonté Gui-
gnol. Un soldat improvise, avec ses ma-
rionnettes, des dialogues de circonstance
entre zouaves et Kabyles, ou des aventures
de Malborough, des scènes de ménage, à
rendre jaloux les acteurs du Palais-Royal.

« ... Mais... le ciel inclément éteint tout

d'un souffle humide et fait taire marion-
nettes et musique. La pluie répand sur
tous, acteurs et public, son manteau d'en-
nui. La gaieté générale suit les phases de
l'atmosphère.

« Alors chacun maudit son sort.....
L'un a vu, pendant la nuit dernière, sa
tente arrachée par le vent et jusqu'au jour,
transi de froid, errant comme un exilé,
courant après sa demeure, ses vêtements,
ses papiers envolés. Un autre maudit les
mulets et les ânes dont le concert nocturne
a troublé son sommeil.

« Cette pluie ne dure que trois jours et
n'est pas assez forte pour arrêter les travaux.

« Le 14 juin est le jour anniversaire des
batailles de Marengo, de Friedland et du
débarquement des Français en Algérie. Le
gouverneur de l'Algérie a choisi ce jour
anniversaire pour poser la première pierre
du fort Napoléon.

« Le lendemain, dès l'aube, les soldats
du génie commencent à construire le premier bastion du fort.

« Le fort Napoléon comprendra dans son
enceinte le plateau de Souk-el-Arba et le
village d'Icheronia qui en couvre le som-

met le plus élevé. Le maréchal fit offrir à ses habitants, qui, de tous temps ont été fidèles à notre cause, de leur payer leurs maisons ou de leur en construire d'autres à leur gré : ils ont accepté l'argent. Moyennant 25,000 francs, les quatre-vingts maisons du village Kabyle avec leurs jardins, cours et dépendances sont devenus la propriété de l'Etat.

« Une enceinte continue, aux murailles en pierres, hautes de cinq mètres, assises sur des escarpements inabordables et flanquées de bastions, abritera derrière ses remparts, un casernement pour 3,000 hommes, avec logement d'officiers et magasins à vivres, une manutention, un hôpital, un bureau arabe avec sa maison des hôtes et sa prison, une poudrière, des ateliers et des magasins d'armement, une citerne et des sources.

« Enceinte et bâtiments doivent être construits en quatre mois, afin de recevoir garnison avant la saison des pluies et d'être prêts aux éventualités d'une attaque d'hiver.

« 20,000 mètres cubes de maçonnerie doivent être terminés au mois d'octobre prochain.

« Dans ce but trois carrières à pierres de taille, moellons, marbre pour la chaux, sont déjà ouvertes autour du fort, Vingt fours à chaux sont en voie de construction ou d'essai. Une briquetterie s'élève. Huit cents soldats, ouvriers choisis dans les différents corps, sont organisés en compagnies auxiliaires du génie, comme maçons, carriers, chauffeurs, terrassiers, forgerons, etc., etc.; 1,500 manœuvres, également pris dans l'armée, sont désignés pour aider à ces ouvriers d'élites.

« La Kabylie et l'arsenal d'Alger donnent les bois de charpente et les outils. La France fournira le fer et le zinc; en moins de cent jours 4,500 tonneaux, un milliard et demi de kilogrammes en matériaux de toute nature doivent être transportés d'Alger à Dellys par mer et de Dellys au fort Napoléon (1) par la route.

« La route de la Kabylie se poursuit toujours. Tout ce qui vient d'Alger suit son parcours.

« Le 21 juin, un cantinier d'Alger se risque à travers les travaux et les soldats avec sa voiture et monte au camp de

(1) Depuis l'avènement de la République *Fort National.*

Ouailel, centre de la division Renaud. Le
char est pavoisé de branches d'arbres et de
drapeaux ; la foule l'escorte, les clairons
résonnent sur son passage, l'ovation devient si complète que le cantinier ne se
sent plus de joie et défonce ses tonneaux
pour rafraîchir gratis ses admirateurs.

« Les Kabyles inquiets et étonnés de ces
grands travaux demandent ce que *Fran-
cezes-bono* veulent faire là.

« Venu pour apporter à Souk-el-Arba
la contribution de guerre de son village,
un vieux chef, après avoir acquitté sa
dette, se prend tout à coup à regarder les
fondations de la forteresse future, puis,
s'adressant au chef du bureau arabe qui
vient de recevoir son argent :

— Sidi Maréchal va-t-il donc habiter
Souk-el-Arba ? dit-il.

— Non, c'est un bordj qu'il fait construire.

— Un bordj !... Oui, on m'avait bien
dit la vérité. Regarde-moi. Quand un
homme va mourir il se recueille et ferme
les yeux. Ami des Kabyles, je ferme les
yeux, car la Kabylie va mourir !

« Et pendant quelques minutes, il
resta les yeux fermés comme un mourant. »

Dé même que le vieux patriote Kabyle, Lella Fatma, retenue prisonnière à Alger, et mise au courant des événements, a pu se convaincre que la conquête de la Kabylie du Djurjura était désormais un fait accompli. Durant sa captivité, traitée avec les plus grands égards, égards que lui méritait la grandeur de son caractère, elle a pu juger que ses compatriotes avaient out intérêt à nous rester fidèles. Leurs rapports commerciaux avec Alger étant pour eux une source féconde de richesses.

Le gouverneur général, confiant en la loyauté de Lella Fatma, l'a rendue à la liberté, sur sa promesse de ne jamais user contre les Français de son influence sur ses coreligionnaires.

Le mensonge étant, comme nous l'avons dit, une honte chez les Kabyles, il est probable que la Maraboutesse n'aura, dans aucune circonstance, failli à son serment et qu'aucune insurrection partielle n'a dût être imputée à son instigation.

TABLE DES MATIÈRES

Angers. — Imp. L. Hudon, rue de la Roë, 18

www.ingramcontent.com/pod-product-compliance
Lightning Source LLC
Chambersburg PA
CBHW070353090426
42733CB00009B/1400